ZU FUSS IN

LONDON

Celia Woolfrey

Wilhem Heyne Verlag

Herausgeber: Fiona Duncan, Leonie Glass
Herstellung: Nicola Davies
Art Director: Mel Petersen
Design: Christopher Foley
Fotografien: Mel und Fiona Petersen
Karten: Andrew Green

1. Auflage 2001

Titel der englischen Ausgabe
»On Foot Guide: London Walks«

Projektleitung: Dr. Alex Klubertanz
Redaktion: Christian Hilt
Übersetzung: Sidhi Schade
Umschlaggestaltung: Hauptmann und Kampa, CH-Zug
Satz: Matthias Liesendahl
Druck: Delo – Tiskarna, Slowenien

ISBN 3-453-18514-5

INHALT

London zu Fuß entdecken

Obwohl London keine übersichtliche Stadt ist, kann man es gut zu Fuß erwandern. Das liegt daran, dass es aus so vielen Stadtteilen besteht, die früher selbstständige Dörfer und Städtchen waren. Sie alle gingen in der Großstadt London auf, behielten aber ihren eigenen Charakter bis heute. Außerdem sind Erkundungen zu Fuß auch der effektivste Weg eine Stadt zu entdecken und verstehen zu lernen, die bereits vor den Zeiten des motorisierten Straßenverkehrs Hauptstadt eines Weltreichs war. Die Spaziergänge in diesem Buch wurden so zusammengestellt, dass alle Facetten Londons berücksichtigt und sowohl die großen Baudenkmäler als auch die versteckten Winkel und Gassen vorgestellt werden.

Dank seiner Kartenskizzen im stets gleichen Maßstab, die nach Luftaufnahmen gezeichnet wurden, dient Ihnen unser Führer als idealer Begleiter bei Ihren Streifzügen durch die Stadt. Straßen, Parkanlagen, Plätze und sogar einzelne Gebäude sind nach den Zeichnungen leicht wiederzuerkennen. Die Beschreibung der Wege kann daher knapp gehalten werden – nichts ist einfacher, als der eingezeichneten Route zu folgen. Die nummerierten Punkte entlang dem Weg verweisen auf Informationen zu den einzelnen Sehenswürdigkeiten im Text.

Unsere Spaziergänge konzentrieren sich auf Gegenden wie Chelsea, St Paul's, Little Venice oder Greenwich und sind bewusst kurz und kompakt gehalten; meist sind sie nicht länger als ein bis zwei Kilometer. Sie sollen Ihnen ermöglichen, alles Betrachtenswerte anschauen und möglichst viel selbst unternehmen zu können. Also gehören dazu auch interessante Museen, Kaufhäuser, Restaurants, Pubs und Cafés.

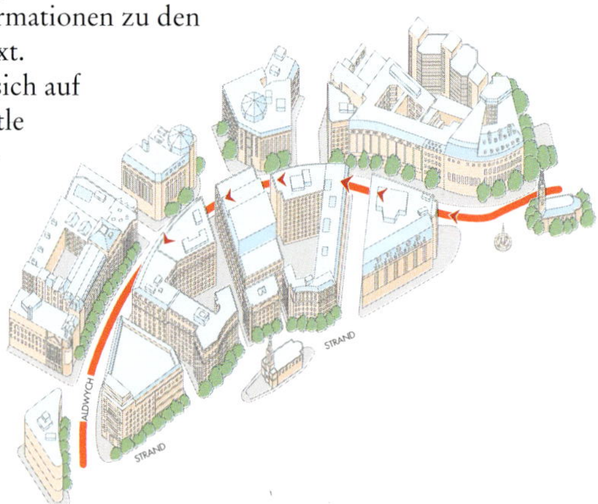

Die Herstellung der Karten

Den Kartenausschnitten in diesem Buch liegen Luftaufnahmen zugrunde, die zu diesem Zweck aus einem Hubschrauber aus etwa 450 Metern Höhe bei einem fixen Kamerawinkel von 45 ° gemacht wurden. Um möglichst viele Details der Gebäude erkennen zu können, wurden die Fotos bei leichter Bewölkung aufgenommen.

Von den Negativen wurde eine Unmenge von Vergrößerungen produziert, die einem Team von technischen Zeichnern als Vorlagen für ihre Tintenskizzen dienten. In einem letzten Arbeitsschritt wurden die Kartenausschnitte dieses Buchs digital erfasst, eingefärbt und ausgedruckt.

Zum Gebrauch dieses Buchs

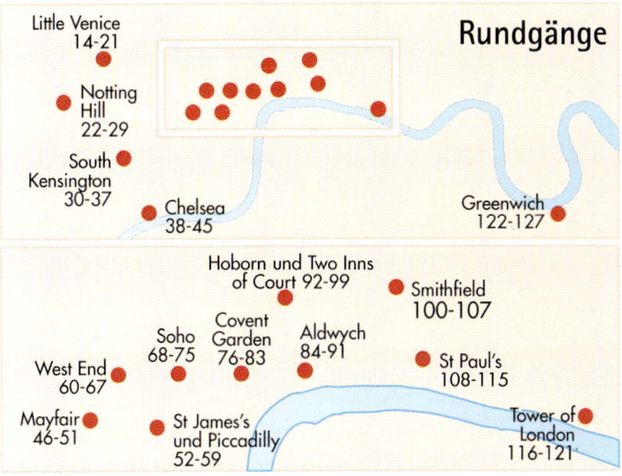

Die durchnummerierten Punkte in der Karte entsprechen denen im Text und stellen besonders bedeutende Sehenswürdigkeiten vor. Wenn es sich dabei um ein einzelnes Gebäude handelt, wurde der Punkt direkt auf das Haus gedruckt; wenn es dagegen mehrere Sehenswürdigkeiten in einer Straße gibt, wurde der Punkt in der Mitte der Straße eingezeichnet. Im Text wird der Name der jeweiligen Sehenswürdigkeit durch Fettdruck hervorgehoben.

Wie Sie dieses Buch sinnvoll nutzen
Alle vorgestellten Ausflüge befinden sich in einem Areal, das durch Little Venice im Norden, Greenwich im Südosten und Notting Hill im Westen begrenzt ist.

Was Ihnen die Karten verraten
Die Route jedes Spazierwegs ist in den Karten eingezeichnet. In separaten Kästen steht, wo die Rundwege beginnen und aufhören. Dort werden auch die nächsten U-Bahnhöfe genannt, die nicht weiter als fünf Minuten zu Fuß entfernt sind.

Wann immer es sinnvoll schien, wurden die Öffnungszeiten im Text aufgeführt.

Sommerwanderungen
Chelsea: Der Chelsea Physic Garden ist nur zwischen Mitte April und Mitte Oktober zu besichtigen (die genauen Öffnungszeiten finden Sie auf Seite 41).
Covent Garden bekommt bei Sonnenschein einen fast kontinentalen Charakter, wenn auf seiner Piazza die Restaurants und Cafés Tische und Stühle im Freien aufstellen.

Wege kombinieren

Der Spaziergang durch Chelsea lässt sich bequem mit dem durch South Kensington kombinieren, wenn Sie die Sydney Street nordwärts bis zur Fulham Road hinaufgehen und weiter über den Sydney Place (der zum Onslow Square wird) zum U-Bahnhof South Kensington.
Der Spaziergang durch St James's und Piccadilly endet am Piccadilly Circus, wo die Routen durch das West End und durch Soho beginnen; er lässt sich also mit jeder dieser beiden Touren, aber auch mit dem Gang durch Maifair verbinden, der einige hundert Meter weiter östlich in der Half Moon Street nahe dem U-Bahnhof Green Park anfängt.
Der Spaziergang durch Soho endet am Leicester Square, wo die Tour durch Covent Garden beginnt. Diese kann aber auch mit dem Spaziergang durch Aldwych kombiniert werden, wenn Sie die Wellington Street bis zum Ausgangspunkt am Strand hinablaufen. Sie können aber auch vom U-Bahnhof Covent Garden eine Station auf der Piccadilly Line bis Holborn fahren und die Tour »Holborn und zwei der Inns of Court« an die Besichtigung von Covent Garden anschließen.
Nach dem Spaziergang durch Aldwych können Sie den Kingsway nach Norden zum Ausgangspunkt der Tour »Holborn und zwei der Inns of Court« hinaufgehen. Diese lässt sich zu Fuß auch mit der Route durch Smithfield, die an der Farringdon Station beginnt, oder per U-Bahn mit der Tour durch St Paul's verknüpfen, die am U-Bahnhof Bank beginnt.

Little Venice: Diese Wanderung kann man mit einer Bootsfahrt nach Regent's Park oder Camden Lock ausklingen lassen; im Winter, wenn die Schiffe nur am Wochenende fahren, kann dies ein ziemlich kühles Vergnügen sein. Im Sommer legen sie an jedem Tag der Woche im Stundentakt ab.
Notting Hill: Wenn Sie durch den Flohmarkt von Portobello Road schlendern möchten, sollten Sie dies an einem sonnigen Samstag tun.
Tower of London: ein Spaziergangs mit herrlichen Ausblicken auf London. Obwohl man ihn das ganze Jahr über unternehmen kann, sollte man also einen Tag mit klarer, schöner Sicht wählen.
Greenwich: Diese Wanderung durch herrliche Parklandschaften und die »Stadt« von Greenwich kann man nur bei warmem Wetter richtig genießen.

Winterwanderungen

Little Venice: empfiehlt sich für den Sommer, wenn Sie ihn mit einer Bootsfahrt beenden wollen. Die Kanäle sind jedoch auch im Winter ein schöner Anblick und bei weitem weniger besucht.
Mayfair: Hier können Sie in der Burlington Arcade Zuflucht vor Regen und Kälte finden; wenn Ihnen der gerade aktuelle Film zusagt, können Sie auch ein paar warme und gemütliche Stunden im Curzon Cinema verbringen.
Smithfield: Nur einen Steinwurf von den Markthallen entfernt warten traditionelle Cafés und modische Bars mit einem herzhaften Frühstück (zum Teil schon ab 6 Uhr) oder einer heißen Suppe.
South Kensington: Diese Route, die die drei Museen Victoria and Albert, Museum für Naturgeschichte und Naturwissenschaftliches Museum verbindet, eignet sich besonders für den Winter.

Wochenendwanderungen

Covent Garden: Die Atmosphäre ist hier an Wochenenden spürbar entspannter, wenn fast immer irgendein Straßentheater spielt und die Leute ihren Spaß haben wollen.
Notting Hill: Ein wichtiger Bestandteil dieses Spaziergangs ist der Flohmarkt von Portobello Road, der nur samstags abgehalten wird. Ein besonderes Ereignis ist außerdem der Notting Hill Carnival, der am letzten Wochenende im August (zum Bank Holiday) stattfindet.

Werktagswanderungen

Aldwych: Auf dieser Route besichtigen Sie den Middle Temple und den Inner Temple, die nur zwischen Montag und Freitag für Besucher geöffnet sind.
Holborn und zwei der Inns of Court: Sowohl Gray's Inn als auch die angrenzende Gartenanlage sind nur Montag bis Freitag von 12 bis 14.30 Uhr geöffnet.
St Paul's: Dieser Teil der City ist unter der Woche äußerst belebt, an Wochenenden dagegen (sogar am Samstag) haben die meisten Restaurants und viele Geschäfte geschlossen.
West End: Regent Street und Oxford Street sind immer geschäftig, aber an Wochenenden sind die Massen kaum und in den Tagen vor Weihnachten überhaupt nicht zu ertragen!
Smithfield: Der Fleischmarkt wird nur von Montag bis Freitag abgehalten. Da die ersten Geschäfte schon bei Morgengrauen geschlossen werden, sollten auch Sie sich früh auf Ihren Rundweg machen.

ÖFFENTLICHE VERKEHRSMITTEL

Die U-Bahn

Alle Touren sind bequem von einem U-Bahnhof aus zu beginnen. Das Netz der Londoner U-Bahn ist riesig; die Züge fahren regelmäßig und bieten ein schnelles Transportmittel, die Stadt zu durchqueren. Natürlich gibt es noch jede Menge daran zu verbessern, und die Londoner hoffen, dass der neu gewählte Oberbürgermeister einige dringend nötige Veränderungen in die Wege leiten wird. Die U-Bahnhöfe sind nicht selten ziemlich heruntergekommen und die Züge häufig überfüllt, vor allem in den Stoßzeiten. Eine bemerkenswerte Ausnahme ist die neu geschaffene Verlängerung der Jubilee Line von Green Park nach Stratford. Nagelneue U-Bahnhöfe wie Southwark, Bermondsey, Canada Water und Canary Wharf sind für sich selbst eine Sehenswürdigkeit. Eine weitere positive Neuerung war dank ihrer modernen Züge und Bahnhöfe die Eröffnung der oberirdischen Docklands Light Railway (DLR), die die City mit den Docklands verbindet.

Wie man die U-Bahn benutzt

Jeder U-Bahnhof liegt an zumindest einer von neun U-Bahnstrecken. Jede Strecke ist mit einer eigenen Farbe auf den U-Bahnplänen eingezeichnet, die in den Bahnhöfen und in den Zügen zu finden, aber auch als Faltblatt an Infoständen erhältlich sind. Vor allem im Zentrum Londons können Bahnhöfe an mehreren Strecken liegen, was das Umsteigen von einer U-Bahnlinie zur anderen ermöglicht.
Um Ihre beste Verbindung und mögliche Umsteigepunkte ausfindig zu machen, müssen Sie nur die Strecke von Ihrem Ausgangspunkt bis zu Ihrem Zielort verfolgen. Die Züge fahren täglich von etwa 5.30 Uhr (sonntags ab 7.30 Uhr) bis ungefähr Mitternacht.
In den Straßen Londons erkennt man die Eingänge zu den U-Bahnhöfen durch das typische Hinweisschild von London Transport: einen roten Kreis mit blauem Querbalken darin. Die Fahrscheine können an Automaten gelöst werden oder, wenn Sie sich unsicher sind, an den Kartenhäuschen, wo Sie Ihren Zielort nennen sollten. Behalten Sie Ihren Fahrschein, bis er Ihnen am Ende Ihrer Fahrt an einem automatischen Drehkreuz oder von Angestellten des London Transport abverlangt wird.

Fahrpreise der U-Bahn

Das Netz der Londoner U-Bahn ist in sechs Zonen eingeteilt. Der Fahrpreis erhöht sich mit jeder Zone, die Sie auf Ihrer jeweiligen Reisestrecke befahren. Mit der Ausnahme der Wanderungen durch Little Venice und Greenwich befinden sich alle Routen in diesem Buch in der Zone 1.
Es gibt viele verschiedene Arten von Fahrscheinen, die alle in der Broschüre »Fares and Tickets« erklärt werden, die Sie an jedem Infostand in den U-Bahnhöfen erhalten können. Die London Travel Information beantwortet unter der Nummer 020 7222 1234 alle Fragen auch telefonisch. Für jede Fahrt können Sie einen Einzel- oder einen Rückfahrtsschein lösen oder stattdessen ein Carnet Ticket für mehrere Fahrten kaufen: Bei einem Ticket für 10 einfache Fahrten in der Zone 1 sparen Sie 4 Pfund. Daneben gibt es Sonderkarten für 1 Tag, das Wochenende oder für Familien für die Benutzung aller

Das Wetter

Das Wetter in England neigt selten zu Extremen, aber es ist unvorhersehbar und kann sich an jedem Tag mehrmals ändern. Die Durchschnittstemperaturen tagsüber reichen von 6 °C im Winter (Dezember bis Februar) bis 21 °C im Sommer (Juni bis August); selten überschreiten sie 27 °C oder geraten sie unter 0 °C. Die Temperaturen in London sind meistens mild, aber durch eine Kombination von Wind und Feuchtigkeit können sie kälter wirken. Die durchschnittliche jährliche Niederschlagsmenge beträgt 600 mm; es regnet vor allem im Winter, man sollte sich aber zu keiner Zeit sicher fühlen. Eine Wetterprognose für 5 Tage erhält man bei Metcall unter der Telefonnummer 0336 444 9000.

U-Bahnen, Busse, der DLR und der Bahnstrecken innerhalb Londons.

Die Busse

Auch wenn es auf den ersten Blick etwas verwirrend erscheint, ist das Bussystem Londons gut durchdacht sowie billiger und interessanter – wenn auch langsamer – als die Fahrt mit der U-Bahn. Die roten Doppeldeckerbusse und die normalen einstöckigen Busse fahren entlang festgelegten, mit Nummern versehenen Strecken. Diese Nummern findet man auf den Bussen selbst und in den Streckenplänen, die an den Infoständen erhältlich sind. Die zeitliche Planung bei Busfahrten ist schwierig, auf die Zeitpläne an den Haltestellen sollte man sich nicht verlassen. An den Haltestellen stehen die Nummern der hier haltenden Buslinien. Wenn neben einer Haltestelle das Wort »Request« steht, hält der Bus nur, wenn ein Fahrgast die Klingel betätigt oder ein wartender Passagier die Hand hebt. Der Fahrschein wird vom Schaffner, in einigen Bussen vom Fahrer verkauft; der Preis hängt von der Länge der Fahrstrecke ab. Mehr Details zu den Fahrpreisen der Busse entnehmen Sie der Broschüre »Fares and Tickets«, die an den Infoständen ausliegt. Die Busse fahren von etwa 5 Uhr bis um 23.30 Uhr; auf manchen Linien verkehren auch Nachtbusse. Alle größeren Nachtlinien führen über den Trafalgar Square.
Manche Busse fahren nicht bis zur Endhaltestelle ihrer Linie; am besten überprüfen Sie das Fahrziel an der Stirnseite des Busses vor dem Einsteigen.

Infostände von London Transport

Informationsstände von London Transport finden Sie an den folgenden Orten:
Bahnhöfe: Euston Station, King's Cross Station, Liverpool Street Station.
U-Bahnhöfe: Oxford Circus, Victoria, Piccadilly, St James's, Heathrow Central.
Flughäfen: Heathrow (Terminal 1, 2, 4).

Taxis

Im Gegensatz zu manch anderen Städten sind Londoner Taxifahrer ausgezeichnete Chauffeure. Sie kennen sich in London aus und müssen für ihren Taxischein eine entsprechende Prüfung bestehen. Taxis finden Sie an den Standplätzen (vor Bahnhöfen und großen Geschäften etc.), auf der Straße können Sie ein Taxi anhalten, wenn sein gelbes Schild mit der Aufschrift »For Hire« erleuchtet ist. Der Fahrpreis wird vom Taxameter angegeben; Sie sollten jedoch noch ein Trinkgeld von 10 bis 15 Prozent draufschlagen. Und noch etwas:: Taxifahrer sind gesetzlich verpflichtet, Sie an jeden Ort zu bringen, der innerhalb eines Radius von 6 Meilen um den Ausgangspunkt der Fahrt liegt.
Unter folgenden Nummern können Sie telefonisch ein Taxi bestellen:

Computer Cab: Tel. 020 7286 0286
Radio Taxis: Tel. 020 7272 0272
Dial-a-Cab: Tel. 020 7253 5000

Taxis ohne Lizenz, so genannte Minicabs, sind nicht unbedingt zu empfehlen und auch nicht immer zuverlässig. Minicabs haben keine Taxameter, der Fahrpreis wird vor Fahrtbeginn ausgehandelt.

Touristeninformation

Informationsstellen für Touristen findet man an folgenden Adressen:
- 1 Regent Street, Piccadilly Circus (»Britain Visitor Centre«: geöffnet Mo–Fr 9.30–18.30, Sa–So 10–16 Uhr; Jun–Okt Sa–So 10–17 Uhr).
- Vorhof des Bahnhofs Victoria Station (geöffnet Jun–Sep Mo–Sa 8–22 Uhr, So 8–19 Uhr, Okt–Mai Mo–Sa 8–19 Uhr, So 8–18 Uhr).
- U-Bahnhof Liverpool Street (geöffnet: Okt–Mai 8–18 Uhr, Juni–Sep 8–19 Uhr).

Flughafen Heathrow, Terminal 1, 2 und 3 sowie U-Bahnhof (geöffnet: Jun–Sep 8–19 Uhr, Okt–Mai 8–18 Uhr).

• Greenwich TIC, Pepys House, 2 Cutty Sark Gardens (geöffnet: April–Sep 10.15–16.45 Uhr, verkürzte Öffnungszeiten im Winter).
• North Greenwich am Dome (geöffnet: 8.30–18 Uhr).
• Waterloo International Terminal, Ankunftshalle (geöffnet: 8.30–22.30 Uhr).
Außerdem gibt es eine Informationsstelle der Corporation of London gegenüber der Südseite von St Paul's Cathedral (geöffnet: 9.30–17 Uhr; Tel. 020 7332 1456).

Weitere Informationen erhalten Sie telefonisch vom London Tourist Board and Convention Bureau unter 020 7932 2000 oder auf der Website www.londontown.com.

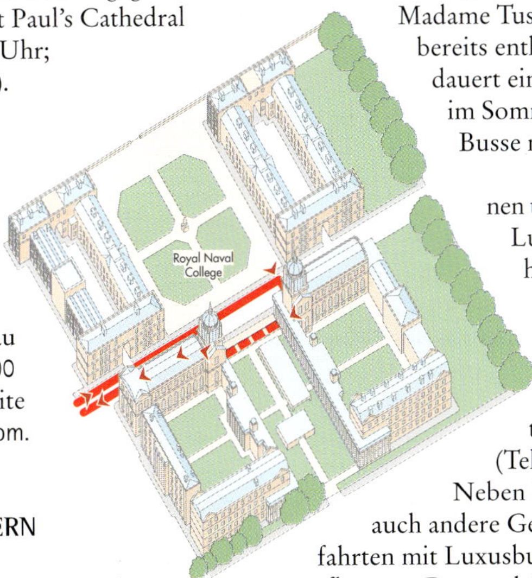

WICHTIGE TELEFONNUMMERN

Kinder

Besondere Hinweise für Kinder erhalten Sie beim London Tourist Board and Convention Bureau: Tel. 0891 505456 für aktuelle Veranstaltungen, 0891 505460 für Besuchertipps speziell für Kinder.

Behinderte

Besucher mit einer Behinderung können Tipps und Hinweise vom Informationsservice für Behinderte der RADAR (Royal Association for Disability and Rehabilitation) unter 020 7250 3222 oder von Artsline unter 020 7388 2277 erhalten.

Rundfahrten

London Transport bietet unter dem Namen »Original London Sightseeing Tour« vier verschiedene Rundfahrten mit dem Doppeldeckerbus an, die täglich zwischen 8.30 und 19 Uhr im Takt von 12 Minuten beginnen. Die wichtigsten Abfahrtspunkte sind Victoria Street, Grosvenor Gardens, Marble Arch, Baker Street, Haymarket, Strand und Charing Cross Pier, doch auf der ganzen Strecke gibt es 90 Haltestellen und 20 Umsteigemöglichkeiten. Die Fahrkarten können im Bus gekauft werden (der ermäßigte Eintrittspreis für das Wachsfigurenkabinett von Madame Tussaud ist darin bereits enthalten). Die Tour dauert eineinhalb Stunden; im Sommer fahren die Busse mit offenem Deck (mehr Informationen unter 020 8877 1722). Luxuriös sind die halb- oder ganztägigen Rundfahrten von Harrod's mit einem Kommentar in acht Sprachen (Tel. 020 7225 6596). Neben Harrod's bieten auch andere Gesellschaften Rundfahrten mit Luxusbussen oder Schiffsausflüge an. Dazu gehören: Frames Rickards, 7 Herbrand Street, WC1 (Tel. 020 7837 3111) und Golden Tours, 123 Buckingham Palace Road, SW1 (Tel. 020 7233 7030).

Flussfahrten

Jeden Tag fahren viele Schiffe regelmäßig von den Ablegestellen Westminster oder Charing Cross zum Tower oder nach Greenwich (fragen Sie bei Tower Bridge Riverboats unter 020 7930 9033 oder Greenwich Riverboats unter 020 7930 4097), im Sommer auch weiter flussabwärts bis Thames Barrier und flussaufwärts nach Kew oder Hampton Court.
Weitere Informationen zu Fahrpreisen und Abfahrtszeiten unter Tel. 0891 505471 oder im Infoblatt »Thames River Services«.

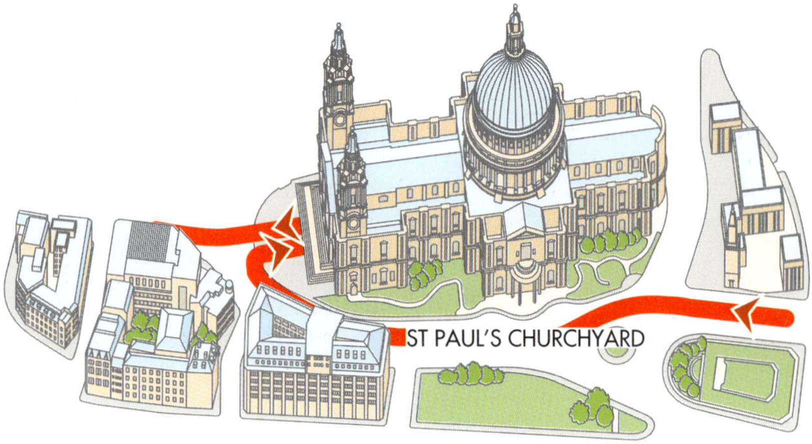

London Eye

Die neueste Attraktion für Besucher Londons, die einen Blick aus der Vogelperspektive auf die Stadt werfen wollen, ist das London Eye von British Airways am Südufer der Themse gegenüber von Big Ben. Für Informationen und Buchungen wählen Sie 0870 500 0600. Sie erhalten die reservierten Karten oder kaufen sie direkt am Schalter in der County Hall, wo Sie auch Ferngläser leihen und Gepäck deponieren können. Der Zugang ist auch für Behinderte geeignet.

Theaterkarten

Vorbestellungen von Theaterkarten erledigen die Firmen Ticketmaster (Tel. 020 7344 4444) oder First Call (Tel. 020 7420 0000); achten Sie darauf, dass die Buchungsgebühr den Rahmen nicht übersteigt. Restkarten zum halben Preis bekommen Sie in der Verkaufsstelle am Leicester Square (geöffnet: Mo–Sa 12–18.30, So 12–15.30 Uhr). Veranstaltungshinweise aller Art finden Sie in der wöchentlich erscheinenden Zeitschrift *Time Out,* dem überall ausliegenden kostenlosen Heft *TNT,* der donnerstäglichen Beilage *Hot Tickets* der Tageszeitung *Evening Standard* oder in der Samstagsausgabe des *Guardian.*

Bei Notfällen

Die Polizei, Ambulanz oder Feuerwehr erreichen Sie von jedem Telefon kostenlos (ohne Münzen oder Telefonkarte) unter den Nummern 999 oder 112. Von der Vermittlung werden Sie gefragt, welchen Notdienst Sie sprechen wollen.

Krankenhäuser mit 24-Stunden-Notaufnahme

- Charing Cross Hospital, Fulham Palace Rd, W6
Tel. 020 8383 0000
- St Mary's Hospital, Praed St, W2
Tel. 020 7886 6666
- Royal Free Hospital, Pond St, NW3
Tel. 020 7794 0500
- St Thomas' Hospital, Lambeth Palace Rd, SE1
Tel. 020 7982 9292

Apotheken

Die Londoner Apotheken arbeiten abends und sonntags nach einem wechselnden Bereitschaftsplan. Danach hat in jeder Wohngegend jeweils ein Apotheker zu dieser Zeit geöffnet; eine Notiz im Schaufenster jeder Apotheke nennt Ihnen den nächsten Bereitschaftsdienst. In London hat keine Apotheke rund um die Uhr geöffnet, doch Bliss Chemist, Willesden Lane, NW6 und Bliss Chemist, Marble Arch, W1 haben täglich von 9 Uhr bis Mitternacht geöffnet.

Öffnungszeiten und Ermäßigungen

Mit den drei beziehungsweise sieben Tage gültigen Besucherpässen »GoSee Card« und »London White Card« erhalten Sie Eintrittsermäßigungen für 17 der wichtigsten Londoner Museen und Galerien. Details erfahren Sie unter Tel. 020 7923 0807 oder auf der Website www.london-gosee.com. Der Besuch mancher Museen ist auch für Erwachsene abends kostenlos. Dies gilt für das Victoria and Albert Museum (Mo–Fr 16.30–17.30, Sa–So 17–17.30 Uhr), das Museum für Naturgeschichte (Mo–Sa 16.30–17.45, So 17–17.45 Uhr) und das Naturwissenschaftliche Museum (16.30–17.45 Uhr).

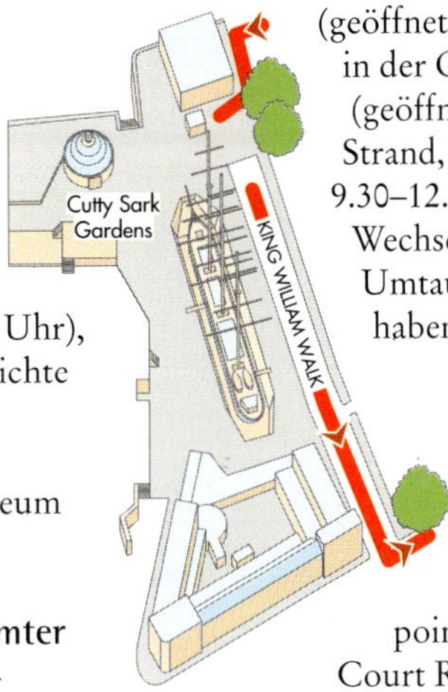

Gepäckaufgabe und Fundämter

Unter der zentralen Telefonnummer 020 798 51551 erfahren Sie, welcher Bahnhof eine Gepäckaufgabe besitzt. Dieselbe Nummer wählen Sie, um Gegenstände wiederzuerlangen, die Sie in einem Zug vergessen haben. Wenn Sie etwas in einem Bus oder der U-Bahn verloren haben, wenden Sie sich an das London Transport Office, 200 Baker Street, NW1 (Tonband unter 020 7486 2496).

Öffnungszeiten von Geschäften und Banken

Als Faustregel gilt, dass die Geschäfte in der Mitte Londons montags bis samstags von 9 Uhr oder 9.30 Uhr bis 17 Uhr oder 18 Uhr geöffnet haben. Viele Geschäfte haben auch sonntags geöffnet (meistens zwischen 11 und 17 Uhr). Einige kleine Lebensmittelgeschäfte haben sehr lange Öffnungszeiten. Gigantische Supermärkte wie Sainsbury's haben immer bis mindestens 20 Uhr, an manchen Abenden bis 22 Uhr geöffnet; einzelne Filialen sind freitags bis spät in die Nacht offen.

Die Banken öffnen von Montag bis Freitag um 9.30 Uhr; manche schließen um 17.30 Uhr, andere früher. Einzelne Bankfilialen sind auch am Samstag offen; dazu gehören im Zentrum Barclays am Sloane Square, SW3, Nr. 30 und in der Kensington High Street, W8, Nr. 208 (geöffnet: 10–13 Uhr) sowie Lloyds in der Oxford Street, W1, Nr. 399 (geöffnet: 9.30–15.30 Uhr) und am Strand, WC2, Nr. 48–49 (geöffnet: 9.30–12.30 Uhr).

Wechselstuben (mit schlechteren Umtauschkursen als Banken) haben längere Öffnungszeiten. Man findet sie in Flughäfen und Bahnhöfen, auch in manchen U-Bahnhöfen und Geschäftsvierteln. Einige haben rund um die Uhr geöffnet, z.B. Chequepoint in Marble Arch, Earl's Court Road und Queensway.

Feiertage

An folgenden Tagen haben Banken und viele Geschäfte wie an einem Sonntag geschlossen: Neujahr (1. Januar), Karfreitag, Ostermontag, May Day (1. Montag im Mai), Spring Bank Holiday (letzter Montag im Mai), August Bank Holiday (letzter Montag im August), Weihnachten (25. und 26. Dezember).

Sicher unterwegs

Auch wenn die Londoner sie meist ignorieren, ist es doch ratsam, Unterführungen sowie Ampelübergänge und Zebrastreifen zu benutzen, wo Fußgänger Vorrang vor Autos haben. In manchen Außenbezirken sind Fußgänger nach Einbruch der Dunkelheit gefährdet; außerhalb der Stadtmitte sollten Sie sich dann an gut beleuchtete Hauptstraßen halten.

Little Venice

Bunte Flussschiffe und weiße, stuckverzierte Hausfassaden prägen das Bild an dem kleinen See, den der Regent's Canal in der Wohngegend direkt nördlich von Paddington bildet, die Little Venice genannt wird. Der Rundweg macht besonders viel Spaß im Sommer oder an einem Wochenende, wenn sich alles auf dem Wasser tummelt; er ist aber auch im Winter bezaubernd, wenn man höchstens ein paar Enten begegnet, die über die spiegelnde Wasseroberfläche fliegen, und die einzigen Geräusche von Blässhühnern und dem weit entfernten Verkehrsrauschen der Stadt herrühren. Um den Ausflug etwas zu verlängern, gehen Sie zum Schluss an Bord eines der Ausflugsboote, die zwischen Little Venice und Regent's Park bzw. Camden Lock Market verkehren. Mit einem guten Stadtplan können Sie die gleiche Strecke auch entlang dem Treidelpfad und einigen Seitenstraßen zu Fuß erwandern.

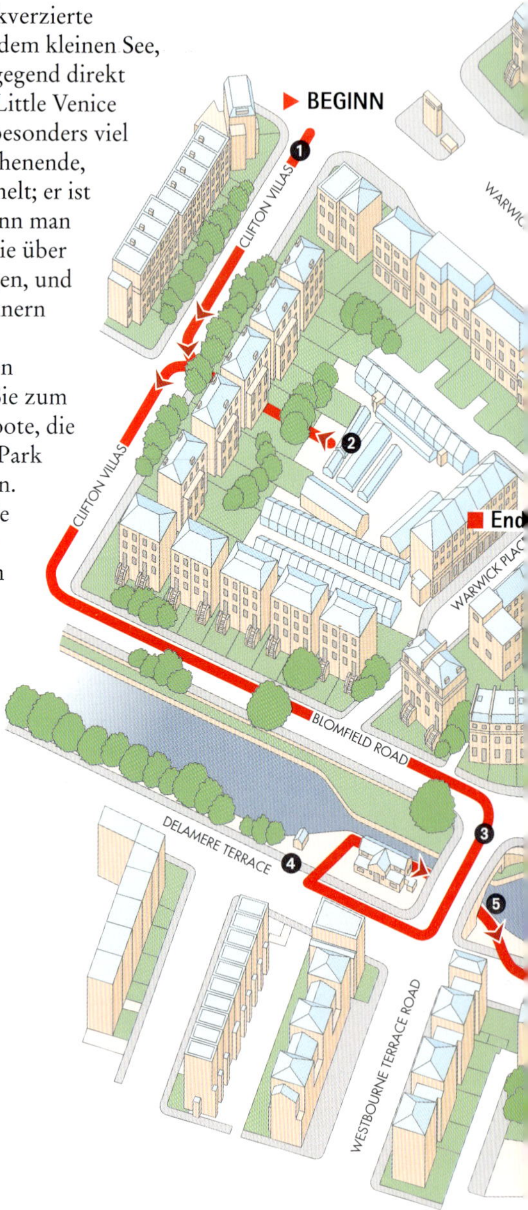

▶ BEGINN
Clifton Villas.
Nächster U-Bahnhof:
Warwick Avenue.

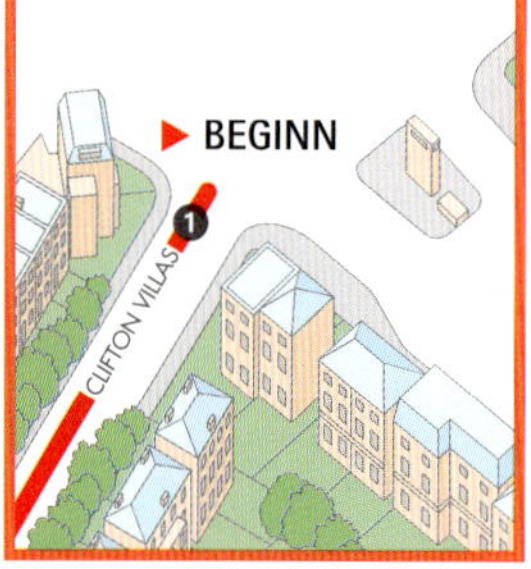

Detail eines Wappens in Little Venice.

ENDE

Warwick Place.
Nächster U-Bahnhof:
Warwick Avenue.

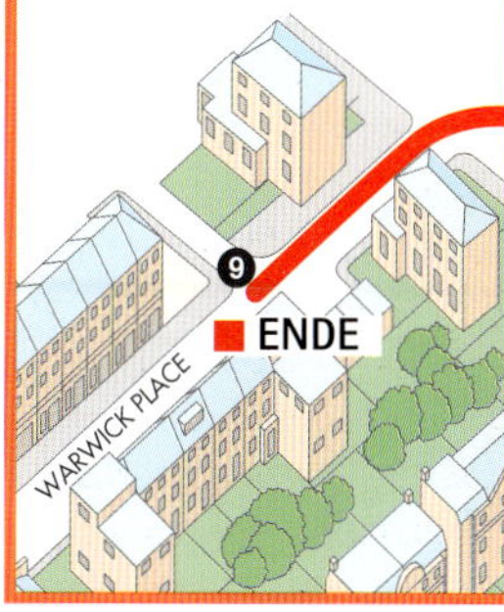

Plakette an der Brücke, über die die Westbourne Terrace Road führt.

Verzierter Schornstein eines Schleppkahns.

❶ **Clifton Villas** ist eine von vornehmen Häusern gesäumte Straße, die vom U-Bahnhof bis hinab zum Kanal führt. Der Straßenname ist eine Huldigung an die beeindruckende Clifton Suspension Bridge, die 1864 von Isambard Kingdom Brunel in Bristol errichtet wurde. Dieses war die Blütezeit des Ingenieurwesens, als man in großem Stil Kanalviadukte, Schleusen, Hängebrücken und Passagierschiffe aus Eisen erbaute. Vor dem Zeitalter der Eisenbahn wurden die meisten Güter in Großbritannien auf einem umfassenden

Die weißen Stuckfassaden von Clifton Villas.

Netz von Wasserstraßen transportiert. Little Venice war Teil einer groß angelegten Neuerschließung, wobei die Häuser fast genauso schnell aus dem Boden schossen wie die vielen Verzweigungen des Regent's Canal hineingegraben wurden.

Schon zu den Zeiten, als der Ort noch Teil des Dorfs Westbourne war, stand an der Stelle des Bridge House eine Kneipe.

❷ Little Venice ist ein Wohnbezirk mit eleganten Häusern und angelegten Gärten, die zum Teil mit Pflanzen aus den Gewächshäusern der **Clifton Nurseries** in der Mitte von Clifton Villas bestückt wurden. Dies ist bestimmt nicht der günstigste Ort, um stachelige »architektonische« Pflanzen, kunstvoll zurechtgestutzte Hecken oder Olivenbäume einzukaufen, doch die Auswahl ist riesig. Außer der Baumschule im Freien gibt es noch ein gläsernes Gewächshaus mit Orchideen und exotischen Topfpflanzen, aber auch Pflanzenkübel und Blumentöpfe für jeden Geschmack.

Oben und rechts: Gartenskulpturen aus den Clifton Nurseries.

❸ Biegen Sie links in die **Blomfield Road** ein, eine Straße, die von weißen, stuckverzierten herrschaftlichen Häusern begrenzt wird. An dieser Stelle ist der Kanal durch eine hohe Mauer verborgen; Ihren ersten Blick auf ihn erhaschen Sie auf dem Weg zur Brücke und zur Westbourne Terrace Road. Hier an der Kreuzung steht der Pub **Bridge House,** eines der ersten georgianischen Häuser, die 1812 nach Fertigstellung des Regent's Canal erbaut wurden. Über dem Pub befindet sich das **Canal Café Theatre,** das in der freien Theaterszene Londons einen Namen hat und jeden Freitagabend ein sehenswertes satirisches Kabarettprogramm aufführt.

Eine typische Bootsverzierung: kunstvoll gemalte Buchstaben und Ornamente.

Kanalboote am Rand des Little Venice Basin.

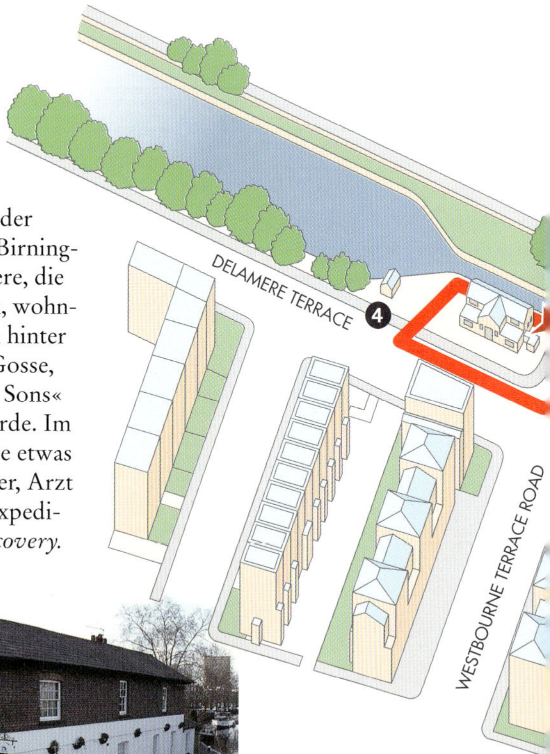

❹ Wenn Sie mit dem Rücken zum Bridge House Pub stehen, blicken Sie auf einen Kanalabschnitt, der gebaut wurde, um Paddington und das West End mit der aufblühenden Industrieregion um Birningham zu verbinden. Zwei der Pioniere, die den damaligen Zeitgeist mit prägten, wohnten in der **Delamere Terrace** gleich hinter Ihnen. Einer davon war Edmund Gosse, der in seinem Roman »Fathers and Sons« zum Chronisten dieser Epoche wurde. Im gleichen Abschnitt der Terrace lebte etwas später Edmund Wilson, ein Künstler, Arzt und Mitglied der ersten Antarktisexpedition von Captain Scott auf der *Discovery*.

In diesem heutigen Bürohaus der British Waterways nahe der Warwick Terrace Road Bridge wurden früher die Kanalnutzungsgebühren kassiert.

❺ Nach einer Rechtsbiegung befinden Sie sich unter der Brücke auf dem alten Treidelpfad, der wegen der Pferde, die die Kanalkähne zogen, so breit ausfiel. Auf diesem gelangen Sie zur **London Waterbus Company,** wo ein schwimmendes Café und Informationszentrum auf Sie wartet. Hier legen jeden Tag zur vollen Stunde (im Winter nur samstags und sonntags) die Schiffe zum Regent's Park und dem Camden Lock Market ab (der samstags und sonntags stattfindet). Informationen erhalten Sie unter Tel. 020 7482 2550. Die Fahrt führt durch den **Maida Hill Tunnel,** wo sich die Bootsbesatzung früher auf dem obersten Deck auf den Rücken legte und das Boot durch »Gehbewegungen« gegen die Tunneldecke nach vorne schob.

❻ Im **Little Venice Basin** treffen sich der Grand Union und der Regent's Canal. Man nennt es auch Browning's Pond, da der Dichter Robert Browning für einige Jahre hier lebte, nachdem seine Frau 1861 in Florenz gestorben war. Angeblich hat Browning der Gegend den Namen Little Venice gegeben, aber viele meinen, dass er sich erst durchsetzte, als ihn im 20. Jahrhundert Immobilienhändler verwandten, die die Wohnungspreise im Viertel in die Höhe reden wollten. Brownings Haus stand im **Warwick Crescent Nr. 19** und wurde in den 1960er Jahren einem Wohnblock geopfert.

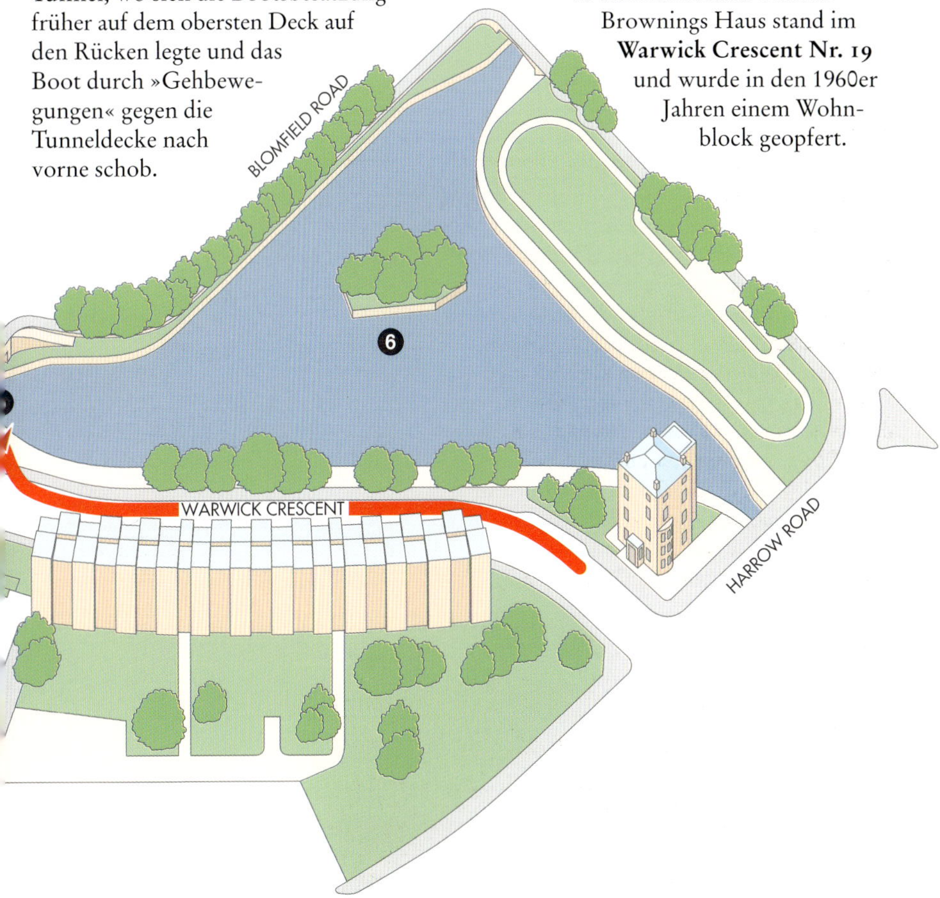

7 Am Ende des Warwick Crescent bricht mit einem Schlag die Realität des modernen London über Sie herein, denn Sie werden mit der Stadtautobahn aus den 1960er Jahren konfrontiert, auf der ein Großteil des Verkehrs von der City in den Westen fließt. Darunter verläuft auf den Spuren einer alten Keltenstraße die **Harrow Road,** die früher die wichtigste Verbindung nach Paddington war. An der Kreuzung steht eine ehemalige Pension für Musiker, wo zu Beginn des 20. Jahrhunderts die Schriftstellerin Katherine Mansfield wohnte. Sie ist heute ein Bürogebäude.

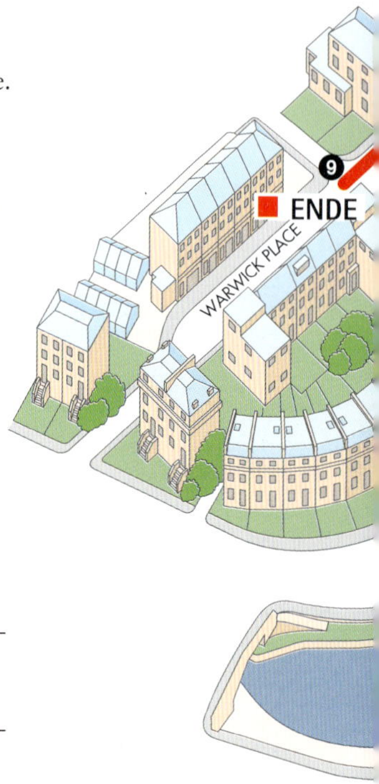

8 Überqueren Sie die Brücke und gehen Sie auf der **Warwick Avenue** die Rembrandt Gardens entlang. Eine weitere Brücke führt Sie über den Kanal und zurück in die Blomfield Road. Die Kanalschiffe müssen auf dieser Route 12 Schleusen überwinden, bis sie bei Limehouse die Themse erreichen. Auf ihrem Weg passieren sie alte Lagerhäuser mit roten Backsteinfassaden, den architektonischen Relikten des Kanalzeitalters. Einige davon wurden in loftartige Appartements umgewandelt; ein Gebäude außerhalb unseres Kartenausschnitts nahe King's Cross beherbergt nun das **London Canal Museum** (12 New Wharf Road; Tel. 020 7713 0836).

9 Eine Abkürzung zum Warwick Place bringt Sie zum **Clifton Little Venice** im Haus Nr. 3, wo Statuen, Obeliske, antike Vasen und Amphoren verkauft werden. Für eine Erfrischung am Ende dieses Rundgangs stehen der Pub **Warwick Castle** gleich nebenan oder das Restaurant **Green Olive** in Haus Nr. 5 (Tel. 020 7289 2469), wo italienische Gerichte serviert werden, zur Auswahl.

Am Ende des 18. und Anfang des 19. Jahrhunderts konnte man auf Kanalbooten von der Themse bis zu den Docks von Liverpool sowie von Bristol nach Leeds fahren.

Die Warwick Avenue Bridge am Rand des Little Venice Basin.

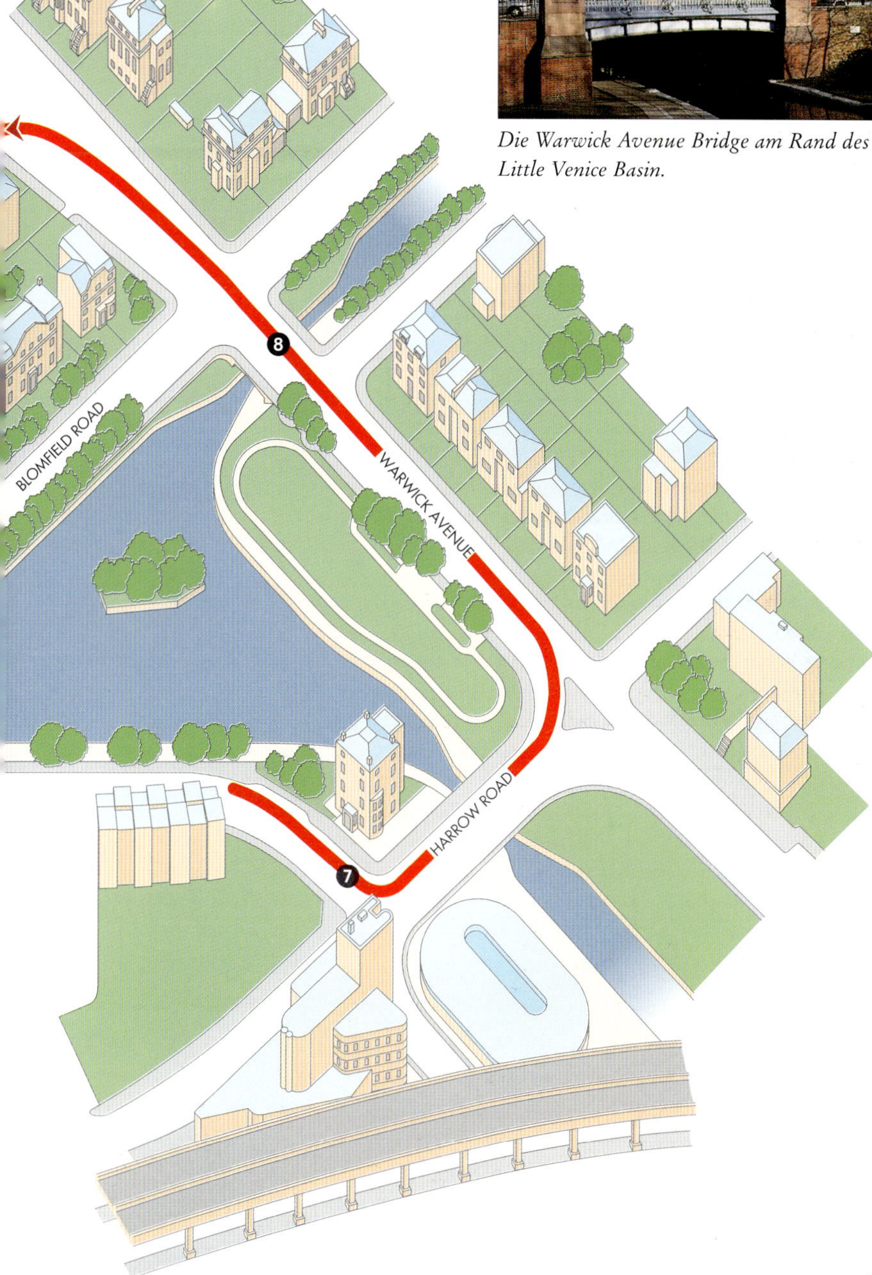

Notting Hill

Ein Wandgemälde nahe dem Pharmacy.

Die beste Zeit für einen Besuch von Notting Hill ist das Wochenende, wenn fast die ganze Portobello Road von Verkaufsständen überquillt. Antiquitäten, Kuriositäten und Ramsch findet man in der Nähe der Chepstow Villas, Obst und Gemüse eher zum Westway hin (außerhalb des Kartenausschnitts). Der Samstag gehört vor allem den Antiquitäten, einen Kleidermarkt gibt es am Freitag, Samstag und Sonntag beim Westway. Unter der Woche haben viele Läden geöffnet, die sich auf Innenarchitektur, Secondhand-Kleidung, Bücher und Platten spezialisiert haben. Dazwischen findet man eine Menge besuchenswerte Bars und Restaurants.

Am Wochenende des August Bank Holiday dürfen Sie keinesfalls Notting Hill Carnival verpassen, Europas größtes Straßenfest. Jedes Jahr versammeln sich hier über eine Million Neugierige und Teilnehmer, die vor riesigen Lautsprechern auf der Straße tanzen oder die federgeschmückten Tänzer und die auf Ölfässern spielenden Steelbands bewundern, die im Faschingszug vorbeiziehen.

Die Gegend hat schon einige Höhen und Tiefen hinter sich, seit in der Mitte des 19. Jahrhunderts Bauunternehmer in aller Eile die ersten weißen Stuckhäuser in einer Umgebung mit Töpfereien und Schweinefarmen errichten ließen. Niemandem war damit gedient: Die Wohngegend war nicht beliebt und über die Jahre wurden viele Häuser im nördlichen Teil von Notting Hill in Einzimmerappartements unterteilt.

In den 1950er und 1960er Jahren, als es zu einer massenhaften Einwanderung aus der Karibik kam, strömten Menschen aus Trinidad und Barbados bevorzugt nach Notting Hill. In den 1980er und 1990er Jahren folgten ihnen die so genannten *trustafarians*, Jugendliche aus der Mittelschicht mit Treuhandvermögen.

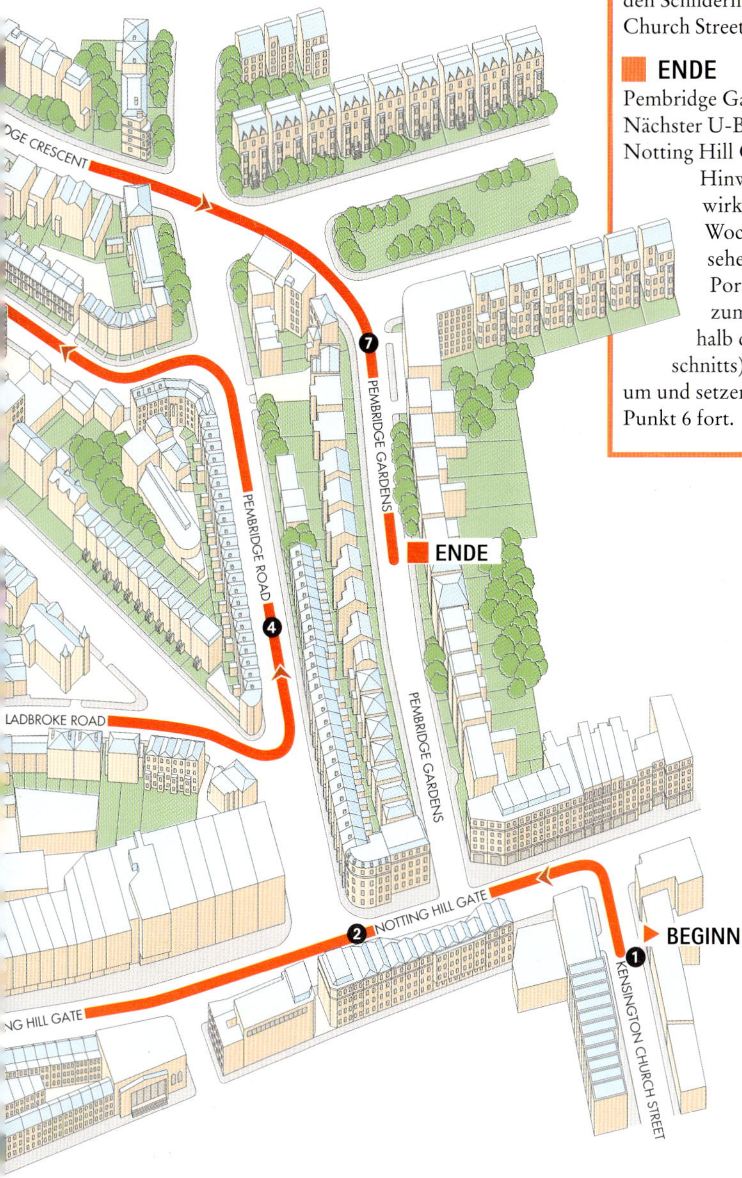

BEGINN

Kensington Church Street.
Nächster U-Bahnhof: Notting Hill Gate.
Vom U-Bahnhof folgen Sie den Schildern zur Kensington Church Street.

ENDE

Pembridge Gardens.
Nächster U-Bahnhof: Notting Hill Gate.
Hinweis: Um wirklich den ganzen Wochenendmarkt zu sehen, gehen Sie die Portobello Road bis zum Ende (außerhalb des Kartenausschnitts), drehen dort um und setzen die Tour bei Punkt 6 fort.

❶ Wo Notting Hill an Kensington grenzt, ist es besonders nobel. Hier befinden sich das Restaurant **Kensington Place** (201-207 Kensington Church Street; Tel. 020 7727 3184), der Wellness-Tempel **The Grove** (182-184 Kensington Church Street; Tel. 020 7221 2266) und weitere Geschäfte wie **The Pink Room** (174 Kensington Church Street) mit Brokatschuhen und Handtaschen sowie um die Ecke in der Kensington Mall das **Hat House** (Nr. 7) und das **Harlequin House** (Nr. 3), wo Masken und Puppen angeboten werden.

Kensington Place.

Hier in der Ladbroke Road wurde das Ballet Rambert gegründet.

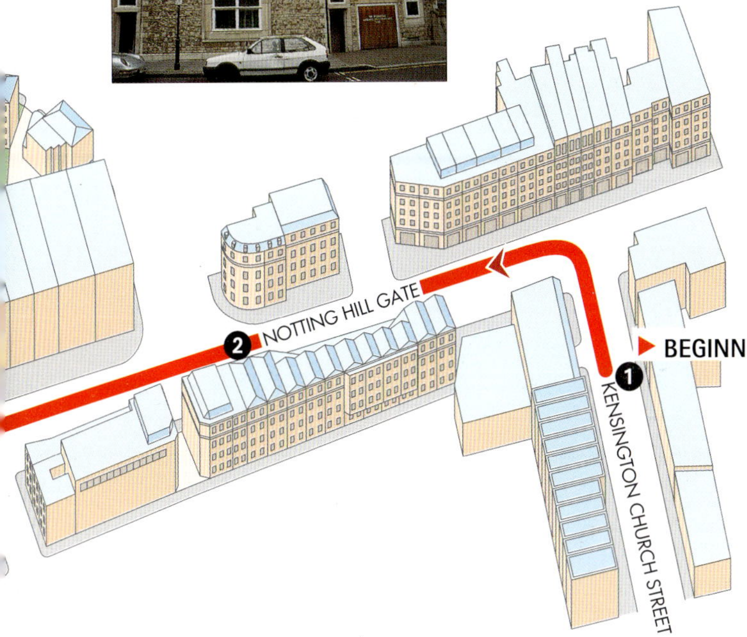

❷ **Notting Hill Gate** ist weniger anspruchsvoll. Hier finden Sie die Tauschbörse **Book and Comic Exchange,** den altmodischen Fischhändler **Chalmers and Gray** und das Programmkino **Gate.** Die Fassade des **Coronet Cinema** wurde von W.G.R. Sprague gestaltet, der auch die Inneneinrichtung im Louis-XVI-Stil entworfen hat. Als es noch Gaumont Theatre hieß, spielten hier Theatergrößen wie Sarah Bernhardt und Ellen Terry.

❸ Etwas weiter findet ein ganz anderes Schauspiel im **Pharmacy** statt, einer Mischung aus Bar und Restaurant nach dem aktuellen Zeitgeschmack. Wie in einer Apotheke bilden Haargeltuben, Wundsalben, Gesichtswässerchen und Schminkdöschen die Dekoration, die sich Damien Hirst ausgedacht hat.
Der nächste Eingang führt die ambulanten Patienten in den Feinkostladen des Pharmacy's. Einen Kontrast dazu bildet das **Windsor Castle,** ein beliebter Pub mit Garten an der Campden Hill Road.

Das Windsor Castle.

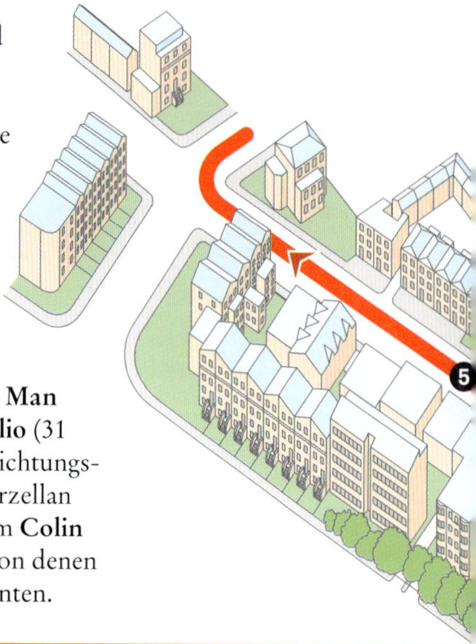

❹ Der Weg folgt nun der Ladbroke Terrace und der Ladbroke Road, die nach James Weller Ladbroke benannt sind, der die »Gartenstadt« nördlich von Notting Hill Gate geplant hat. Eine Linkswendung führt Sie in die Pembridge Road und weiter zum Beginn der **Portobello Road,** wo sich am Wochenende die Menschenmassen zum Flohmarkt drängen. Einen Besuch wert sind das **Retro Home** (20 Pembridge Road), das Secondhand-Möbel und Einrichtungsgegenstände verkauft, sowie zwei Läden für gebrauchte Kleidung, **Retro Woman** und **Retro Man** (32 und 34 Pembridge Road). Im **Caira Mandaglio** (31 Pembridge Road) finden Sie schrullige Inneneinrichtungsgegenstände. Das **Visto** in Nr. 41 hat sich auf Porzellan und Accessoires der 1950er Jahre spezialisiert. Im **Colin** (Nr. 47) schließlich erhalten Sie alle die Dinge, von denen Sie nie gewusst haben, dass Sie sie brauchen könnten.

Karneval

Der Karneval von Notting Hill begann 1964 als Straßenfest für Kinder um einen Abenteuerspielplatz herum. Erst in den 1970er Jahren wurde er langsam zu dem gigantischen, aber auch kommerziellen Ereignis, das er heute darstellt, mit mehr Besuchern von auswärts als Bewohner von Notting Hill. In den 1970er und 1980er Jahren gab es dabei gelegentliche Gewaltausbrüche, die jetzt nicht mehr zu befürchten sind. Der Karneval findet am letzten Wochenende im August statt, wobei der Sonntag den Kinderumzügen vorbehalten ist.

Am ebenfalls freien Montag geht es mit Steelbands, Tänzern, einem großen Umzug und dröhnenden Musikanlagen richtig zur Sache, auch weil verschiedene Preise zu gewinnen sind. Dabei gibt es immer noch etwas Soca zu hören, eine für Trinidad typische Musikrichtung. Sie wird von Steelbands gespielt und reicht bis in die Tage zurück, als die Plantagenbesitzer den Gebrauch von Trommeln streng verboten hatten. Die Musiker mussten nehmen, was ihnen zur Verfügung stand, vor allem Töpfe, Pfannen und Blechbüchsen. Später entdeckten sie, wie man die harte Oberfläche der ausrangierten Ölfässer so bearbeiten konnte, dass man darauf richtige Melodien spielen konnte. Die traditionellen Weisen der Inseln werden heute mit jeder Art von Black Music vermischt; riesige Lautsprechertürme konkurrieren mit den ebenfalls markerschütternden Musikanlagen der Nachbarn. Bei all dem Gedränge sollte man sich widerstandslos mittreiben lassen und gelegentlich eine Pause bei einem der Stände einlegen, wo neben Essen selbst gemachter Rumpunch verkauft wird.

Die Route des Umzugs erstreckt sich über fünf Kilometer entlang von Ladbroke Grove, Westbourne Grove, Chepstow Road und der Great Western Road, doch auch die Seitengassen sind mit Musikanlagen, diversen Bühnen für Livemusik und Imbissständen vollgepackt. Informationen darüber, was wann und wo passiert, erhält man in den Zeitschriften *Time Out, Caribbean Times* und *The Voice.* Zu guter Letzt sollten Sie berücksichtigen, dass man nur mit öffentlichen Verkehrsmitteln zum Karneval gelangen kann (die nächsten U-Bahnhöfe sind Royal Oak, Westbourne Park und Notting Hill Gate). Der nächstgelegene U-Bahnhof Ladbroke Grove ist während des ganzen Karnevalwochenendes geschlossen.

Straßenmusik auf der Portobello Road.

❺ Entlang der Nordseite der Portobello Road konzentrieren sich die Stände mit allerlei Nippes und Antiquitäten. Seit den 1860er Jahren gab es hier einen Markt, aber die Antiquitätenhändler tauchten erst 1958 nach der Schließung des Caledonian Antique Market in Islington auf. Der Markt beginnt am äußersten Rand des Kartenausschnitts, gleich hinter Chepstow Villas. An den Obst- und Gemüseständen finden Sie die wirklich günstigen Schnäppchen am Samstagabend, jedenfalls wenn Sie die Avocados kistenweise und die Grapefruits in mehreren Dutzend kaufen. Schließlich gelangen Sie zur Autobahnbrücke des Westway, unter dem von Freitag bis Sonntag Kleidungsstücke verramscht werden.

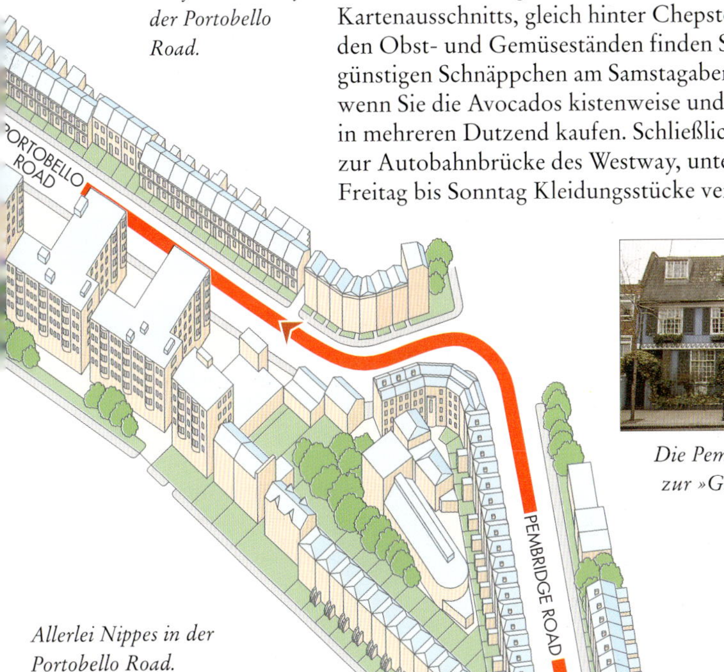

Die Pembridge Road gehört zur »Gartenstadt« aus dem 19. Jahrhundert.

Allerlei Nippes in der Portobello Road.

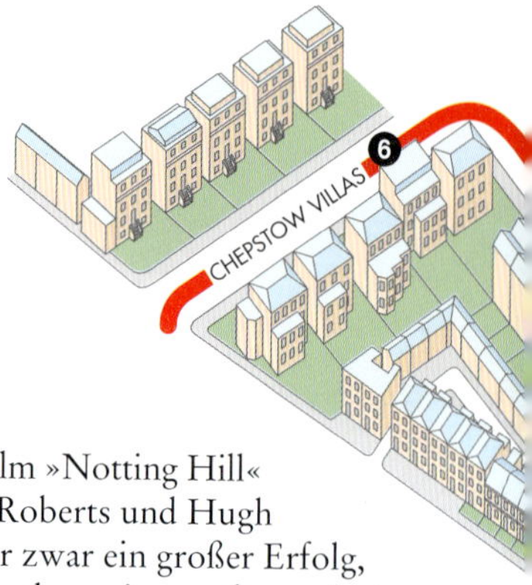

❻ **Chepstow Villas** und die Straßen bis zum Pembridge Square gehörten zum Wohnungsbauprojekt von James Weller Ladbroke zur Zeit von Königin Viktoria. Parkähnliche Plätze, ein gutes Kanalisationssystem und mehrere Kirchen waren Teile dieses Modellprojekts, das die Ansiedlung von mehr Menschen zum Ziel hatte. Straßennamen wie Kensington Park Road wurden wegen der damit verbundenen positiven Assoziationen gewählt. Ladbroke verpachtete etwas Land an einen Einheimischen, John Whyte, der eine Rennbahn um den Ladbroke Grove bauen ließ. Die als Hippodrom bekannte Rennbahn war kein Erfolg, da der Kurs extrem schwer und gefährlich war und die Jockeys sich bald weigerten hier zu reiten. Dennoch kann man die Pferdehändler, die ihre Geschäfte entlang der Rennbahn machten, als die Vorfahren des Portobello Road Market betrachten.

Typisches Wohnhaus in Notting Hill.

❼ Der Film »Notting Hill« mit Julia Roberts und Hugh Grant war zwar ein großer Erfolg, zeigte jedoch wenig von der explosiven Mischung aus Wohlstand und Armut in diesem Stadtteil, wie dies in Hanif Kureishis Film »London kills me« gelang. Kureishi machte deutlich, dass die Bewohner von Straßen wie Pembridge Gardens und Umgebung nur die wohlhabende Spitze des Eisbergs bildeten und dass Armut und Kriminalität überall lauerten. Inzwischen haben sich die sozialen Unterschiede im Viertel weitgehend nivelliert.

Gastronomische Tipps in Notting Hill

Market Bar (240a Portobello Road; Tel. 020 7229 6472). Im oberen Stockwerk ein thailändisches Restaurant, unten eine Bar.
Beat Bar (265 Portobello Road; Tel. 020 7792 2043). Musikkneipe (vor allem Hip-Hop und Funk) am Ende der Portobello Road (Richtung U-Bahnhof Ladbroke Grove); außer Cocktails auch Bier und Wein.
192 (192 Kensington Park Road; Tel. 020 7229 0482). Vor dem sozialen Aufstieg des Viertels war dies ein Lieblingslokal der Einheimischen. Jetzt gehört es dem Groucho Club in Soho und wird von den oberen Zehntausend und vereinzelten Promis besucht. Im Sommer werden die Glastüren geöffnet und Tische nach draußen gestellt. Das Essen ist teuer, aber gut.
Ground Floor (186 Portobello Road; Tel. 020 7243 8701). Cocktailbar; der Hauscocktail heißt Ground Rush und wird aus Red Bull, Wodka und Fruchtsäften gemixt. Nächster U-Bahnhof: Ladbroke Grove.
Notting Hill Arts Club (21 Notting Hill Gate; Tel. 020 7460 4459). Kellerbar mit brasilianischer und lateinamerikanischer Musik am Freitagabend und einer überfüllten Tanzfläche am Wochenende. An der Bar gibt es Flaschenbier, Wein und Härteres, vor allem Absinth, das in London wieder in Mode geratene Mittel zur Zerstörung der Gehirnzellen.

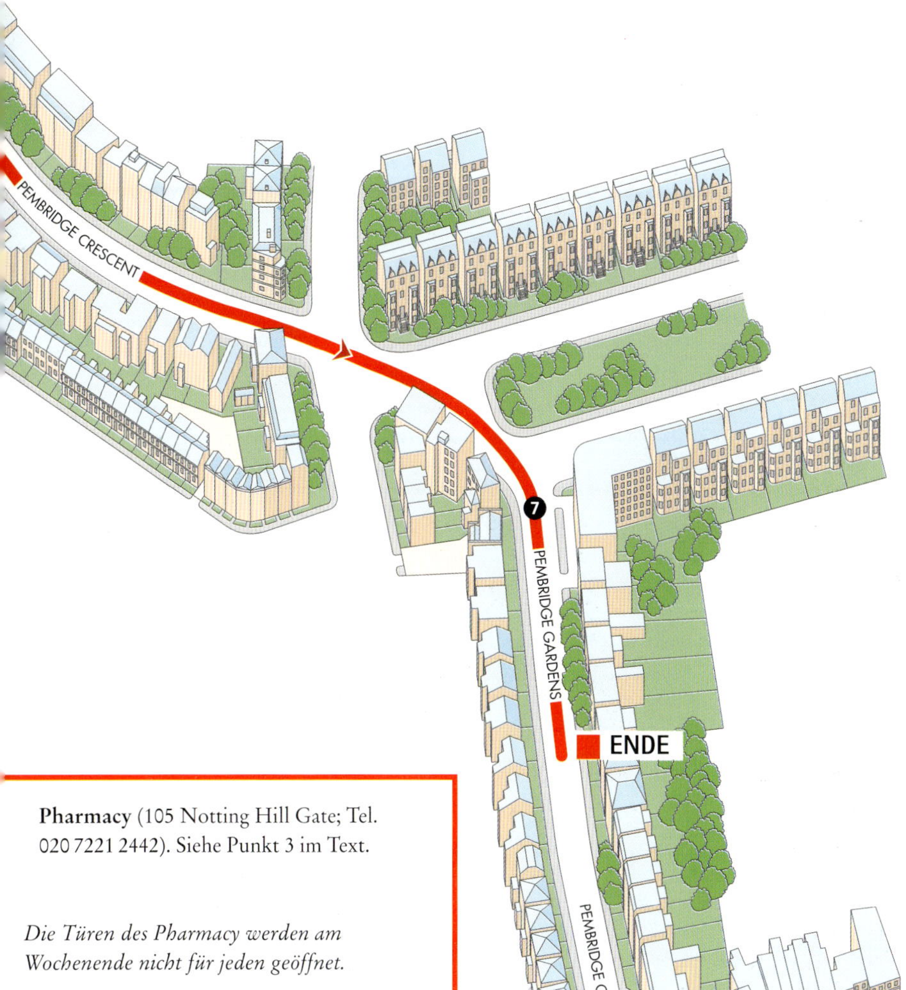

Pharmacy (105 Notting Hill Gate; Tel. 020 7221 2442). Siehe Punkt 3 im Text.

Die Türen des Pharmacy werden am Wochenende nicht für jeden geöffnet.

South Kensington

▶ BEGINN
Exhibition Road. Nächster U-Bahnhof: South Kensington. Wenn Sie Teil 1 der Route überspringen wollen, folgen Sie ab dem U-Bahnhof den Schildern zu den Museen.

Detai der Fassade des Alfred Waterhouse's Natural History Museum.

Wenn man sich bei einem Stadtteil überhaupt auf einen Zeitpunkt festlegen kann, der dessen Aussehen ein für alle Mal prägte, dann sicher hier. South Kensington entstand in den fünfziger Jahren des 19. Jahrhunderts, nachdem Prinzgemahl Albert, der Gatte von Königin Viktoria, unter allgemeinem Spott angekündigt hatte, in einem Kristallpalast im Hyde Park eine Große Ausstellung eröffnen zu wollen. Die Ausstellung von 1851 wurde trotz aller Häme ein Riesenerfolg; mehr als 6 Millionen Besucher brachten genügend Geld ein, um das Stück Land zwischen Kensington Gardens und Cromwell Road zu kaufen. Auf diesem 35 Hektar großen Areal entstanden Museen und wissenschaftliche Institute, die zu ihrer Zeit führend in der Welt waren. Aus ihnen gingen das Museum für Naturgeschichte, das Naturwissenschaftliche Museum und das Victoria and Albert Museum (kurz V&A genannt) hervor. Es sind keineswegs muffige viktorianische Institutionen; die Museen sind mit der Zeit gegangen und geben sich alle Mühe, auch Kinder anzusprechen.

ENDE
Albert Memorial, Kensington Gardens. Nächster U-Bahnhof: Knightsbridge oder South Kensington.

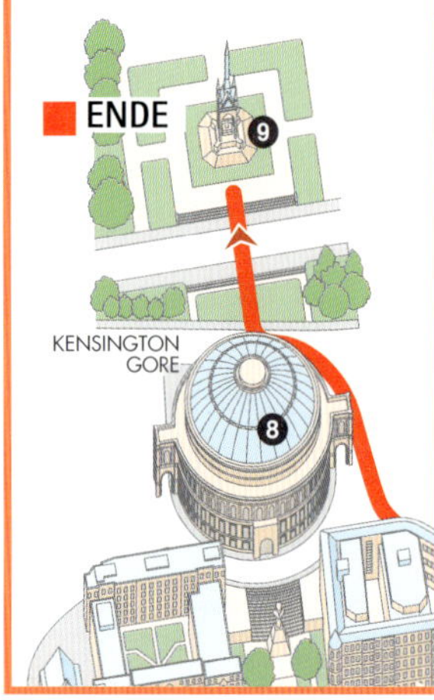

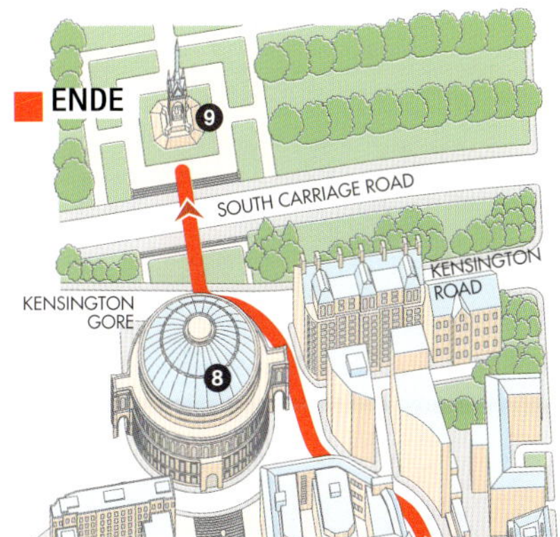
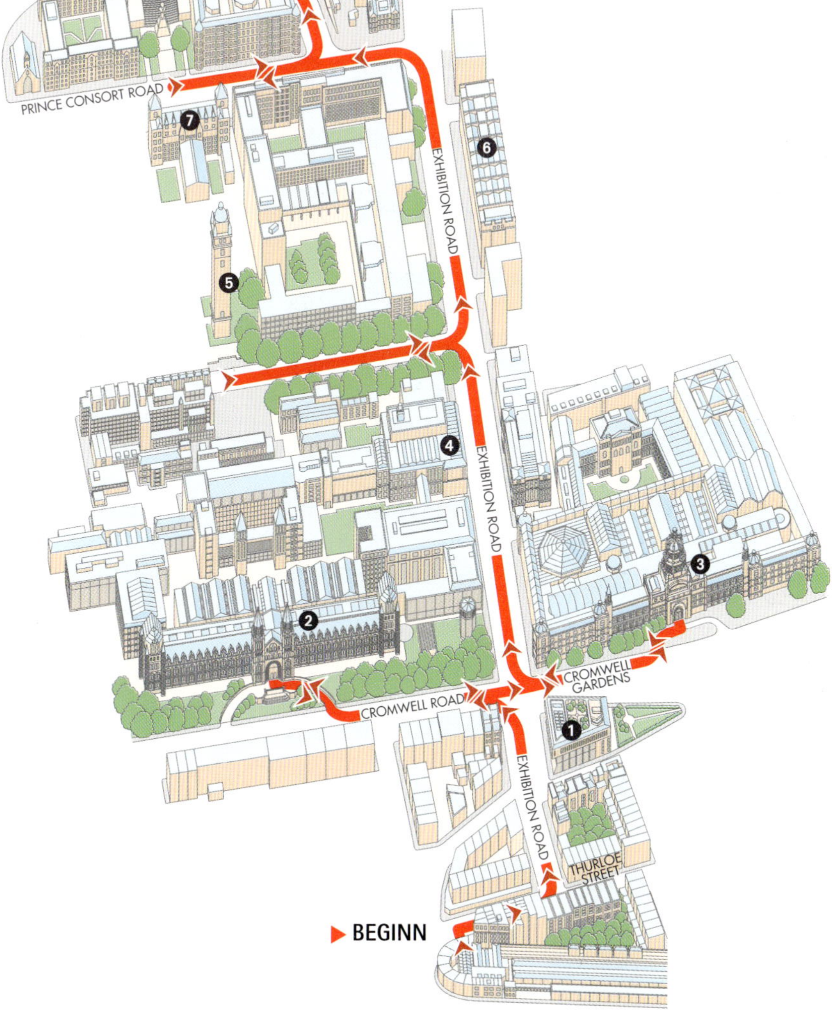

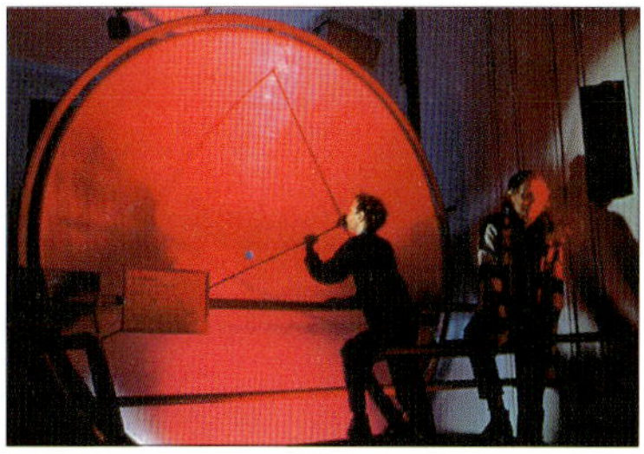

Klangexperimente entlang dem Launch Pad im Naturwissenschaftlichen Museum.

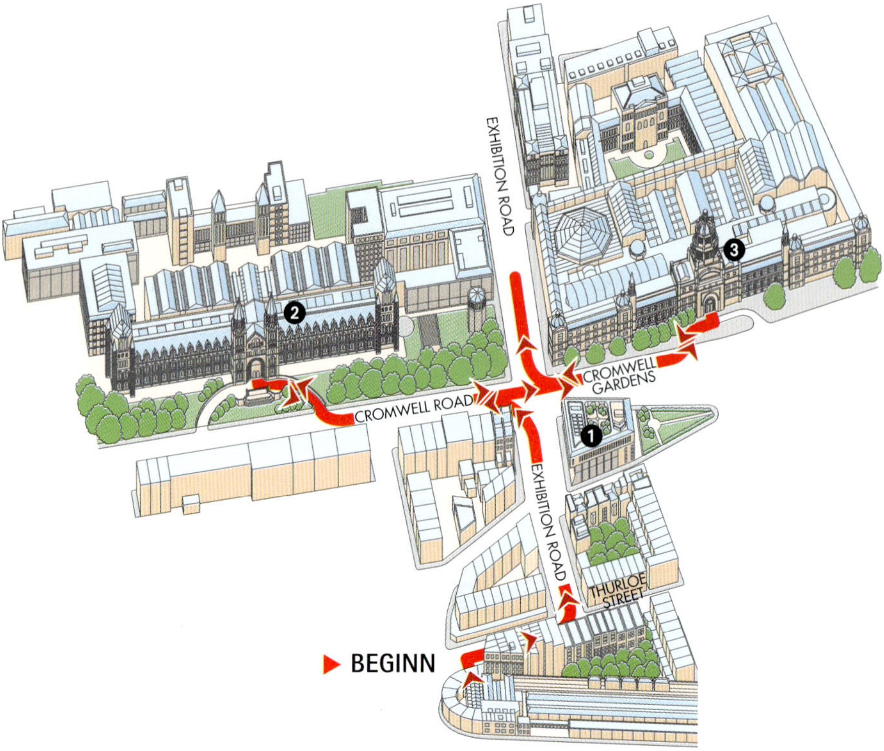

❶ Die Ramschkisten mit Büchern aus den Sparten Kunst und Wissenschaft in den Läden um die **Thurloe Street** sind ein deutliches Zeichen, dass Sie sich der Museumsmeile von London nähern.
Das geometrische, mit Granit verkleidete Gebäude an der Kreuzung zur Cromwell Road ist das **Ismaili Centre** von 1983, das Hugh Casson und Karl Schlamminger für die ismaelitische Gemeinde Londons konzipiert haben. Auch wenn das Gebäude Besuchern nur einmal im Monat zu geführten Touren offen steht, verrät doch ein Blick in die geometrische Eingangshalle mit ihrem sanft sprudelnden Brunnen viel von der architektonischen Gestaltung der dahinterliegenden Räume.
Eine Empfehlung für alle, die sich schon vor dem Museumsbesuch stärken möchten, ist das Café **Daquise** (20 Thurloe Street), das mit traditionellen polnischen Gerichten wie Borschtsch mit Uschka oder Blinis mit Räucherlachs aufwartet.

❷ »Eintritt frei für Kinder« lautet das Motto im **Museum für Naturgeschichte** (Natural History Museum). Täglich ziehen Attraktionen wie gerade aus dem Ei schlüpfende oder sich gegenseitig auffressende Dinosaurier, die Räume, wo ein Erdbeben in einem japanischen Supermarkt oder ein Vulkanausbruch simuliert werden, die Kriechtiere der »Creepy Crawlies« oder der Zoo der ausgestopften Tiere (mit einem Löwen, den man streicheln darf) die Besuchermassen in ihren Bann. Das Museum hat zwei Eingänge: zu den Life Galleries von der Cromwell Road und zu den Earth Galleries von der Exhibition Road.

Das Backstein-und-Terrakottagebäude des Museums für Naturgeschichte von 1881.

Seine Laboratorien wird man erst 2002 besuchen können, wenn die 300 Wissenschaftler des Museums in den neuen, 27 Millionen Pfund teuren Darwin-Flügel umgezogen sind. Dann wird das Museum mindestens 90 Prozent seiner Bestände Besuchern zugänglich machen (heute ist es nur 1 Prozent!), eine gewaltige Anstrengung für eine Institution, die in jeder Stunde, wo sie geöffnet hat, 100 neue Exponate aus den Regenwäldern und Korallenriffen dieser Welt erhält. (Öffnungszeiten: Mo–Sa 10–17.50 Uhr; So 11–17.50 Uhr)

❸ Ganz im Sinne des aufgeklärten Zeitgeistes wurde das **Victoria and Albert Museum** konzipiert, um künstlerische Gewohnheiten in Großbritannien zum Wanken zu bringen. Der Kern der Sammlung stammte von der Großen Ausstellung von 1851, die das Beste der damals »Industrial Arts« genannten Kunst aus dem Empire und darüber hinaus präsentierte. Zu den Glanzpunkten des V & A zählen die 1998 eröffnete Canon Photography Gallery; die Sammlung von Textilien und Kleidung, die auch die Moderichtungen des 20. Jahrhunderts berücksichtigt; Gemälde von John Constable; Entwürfe von Raffael; Skulpturen aus Indien; Kunst und Keramik aus Japan und China. Der Einfluss des Museums war bedeutend; unter anderem wurden Künstler wie der Holzschnitzmeister Grinling Gibbons in einem neuen Licht gesehen. Ein schönes Beispiel für seine Arbeiten ist das aus Lindenholz geschnitzte Halstuch (ca. 1690), das so sehr einem venezianischen Spitzentuch gleicht, dass Sir Walpole es beim Empfang von französischen Besuchern in seinem Haus in Strawberry Hill trug. Er berichtete, dass »die französischen Bediensteten staunten und fest glaubten, dass es zur angemessenen Kleidung eines englischen Gentleman gehöre«. (Öffnungszeiten: täglich 10–17.45; 18.30–21.30 Uhr am Mittwochabend.)

Michelangelos »David« im Italian Cast Court.

Die Fassade des Victoria and Albert Museum von der Cromwell Road; ein labyrintisches Gebäude von Aston Webb aus dem Jahr 1890.

❹ Wenn Sie im **Science Museum** (Naturwissenschaftlichen Museum) die von der Hitze versengte Zinnoberfläche der Kommandokapsel der Apollo 10 sehen, werden Sie sich fragen, wie ein so zerbrechliches Gefährt aus der Erdatmosphäre bis zum Mond fliegen und heil wieder auf der Erde landen konnte. Das Museum ist nicht nur wegen der Weltraumabteilung ein faszinierender Ort, es vermag auch komplexe technische Probleme wie die Entschlüsselung der DNA-Struktur anschaulich zu erklären. Alles in allem ist es ein riesiges Reservoir menschlichen Wissens. Das Museum selbst empfiehlt, vom Obergeschoss aus langsam nach unten zu gehen; wenn Sie aber mit Kindern im Alter von drei bis sechs Jahren oder von sieben bis elf Jahren unterwegs sind, sollten Sie sich gleich ins Untergeschoss, in die Abteilung »The Garden« beziehungsweise »Things«, begeben. Die ausgezeichnete interaktive Abteilung »Launch Pad« im ersten Stock, wo man viele Experimente durchführen kann, ist für Kinder aller Altersstufen und das »Flight Lab« im dritten Stock für Kinder über sieben Jahre geeignet. (Öffnungszeiten: täglich 10–18 Uhr.)

Die Kommandokapsel der Apollo 10 im Naturwissenschaftlichen Museum.

❺ Um zum **Queen's Tower** zu gelangen, wandern Sie entlang der Imperial College Road zum Campus des Imperial College, schräg gegenüber den Princes Gardens. Der Grundstein des eigenwilligen Turms wurde 1887 von Königin Viktoria gelegt, die damals auch »Kaiserin von Indien« war; heute steht er inmitten von Universitätsgebäuden und einer Bibliothek aus den 1960er Jahren. Von seiner Spitze genießt man einen Blick aus der Vogelperspektive; Führungen finden von Juli bis Oktober statt.

❻ Auf der anderen Seite der Exhibition Road findet sich im Haus Nr. 55 der **Polish Hearth Club** (Ognisko Polskie). Er wurde 1940 von polnischen Fliegern gegründet, und wenn man sich an der gepolsterten Vinylbar niederlässt, befindet man sich in der Gesellschaft von alten Porträts in Khaki gekleideter Kommandeure des 2. Weltkriegs. Der eiskalte Wodka wird vom außerordentlich freundlichen Personal in kleinen Gläschen an eine Kundschaft ausgeschenkt, die vom Geschäftsmann bis zum Priester reicht. Der Klub ist ein Treffpunkt der polnischen Gemeinde, doch das Restaurant (Tel. 020 7589 4635) steht allen offen. Auf der Speisekarte stehen u. a. Hering mit Sauerrahm, Gänsebraten mit Kartoffelknödeln, Jägereintopf und Schaschlik aus Lammfleisch.

Im Sommer kann man zur Spitze des Queen's Tower emporklettern.

❼ Einige wenige Schritte bringen Sie vom triumphbogenartigen Eingang des Imperial College zum **Royal College of Music,** einem der weltweit führenden Konservatorien, wo Sie während der Trimester überall Studenten begegnen und das ganze Jahr über Konzerten lauschen können. Sein Museum für historische Instrumente ist während der Vorlesungszeit, außer im Januar, jeden Mittwoch von 14 Uhr bis 16.30 Uhr geöffnet (weitere Besuche nach Vereinbarung; Tel. 020 7591 4346, Fax: 020 7589 7740).

Das Clavictherium von ca. 1480 ist eines der Instrumente im Museum des Royal College of Music.

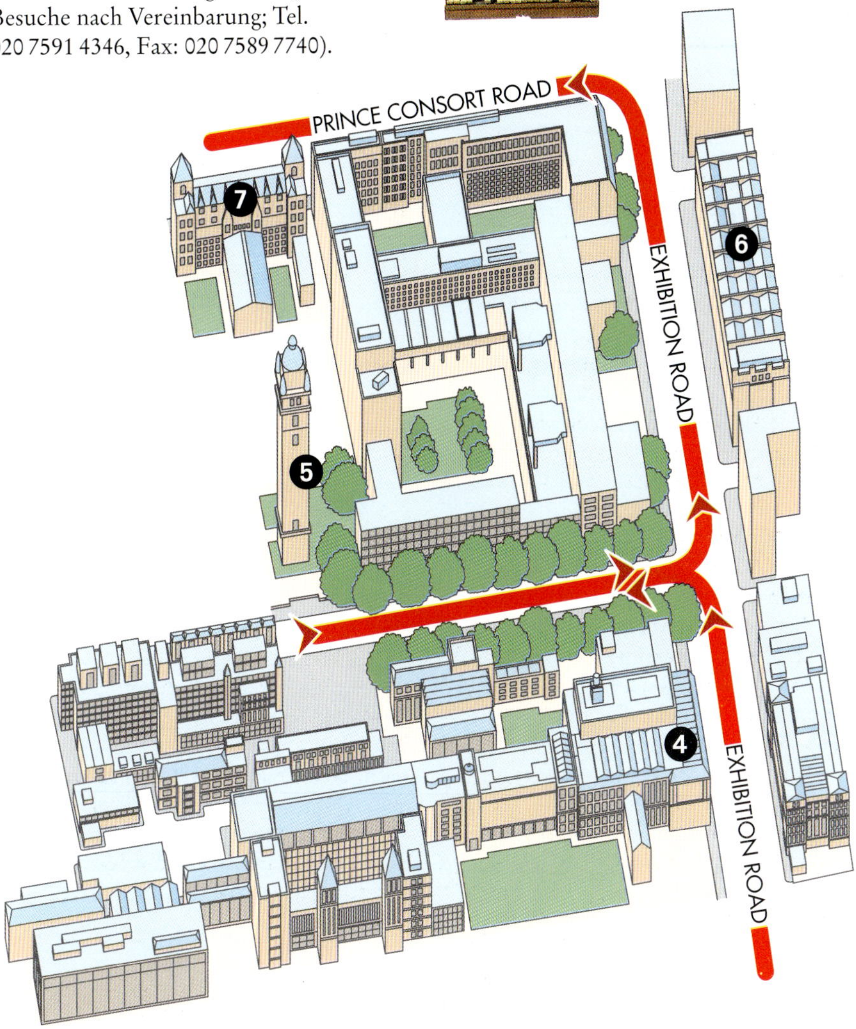

❽ Eine Schlucht von Wohnblocks aus roten Backsteinen auf beiden Seiten des Albert Court führt Sie zur **Royal Albert Hall.** Dieses Wahrzeichen Londons mit seiner Kuppel aus Stahl und Glas wurde 1870 unter den Ingenieuren Fowke und Scott beendet. Man kennt die Albert Hall vor allem als Schauplatz der sommerlichen Promenadekonzerte (»Proms«), für die man sehr günstige Eintrittskarten erwerben kann, wenn man bereit ist, lange dafür anzustehen. Die Akustik der Halle wurde häufig kritisiert, sie wird aber derzeit verbessert.

Die Royal Albert Hall wurde der von Prinz Albert sehr bewunderten Semperoper in Dresden nachgebildet.

❾ Das kürzlich renovierte **Albert Memorial** von George Gilbert Scott aus dem Jahr 1876 wirkt unzeitgemäß in einem England, das sich für Minimalismus begeistert und seine Kolonialvergangenheit am liebsten vergessen würde. Figurengruppen um einen Elefanten (Asien), einen Ochsen (Europa), einen Bison (Amerika) und ein Kamel (Afrika) repräsentieren die englischen Herrschaftsgebiete auf der Welt. Handel und Landwirtschaft werden genauso glorifiziert wie der ganz in Gold erstrahlende Albert. Das Standbild Alberts, der einen Katalog der Großen Ausstellung von 1851 hält, wirkt wie ein vergoldeter Buddha, der von einem Baldachin mit Verzierungen, Mosaiken, Emaillearbeiten und »Juwelen« geschützt wird.

Vergeblich hatte sich Prinz Albert gewünscht, »nicht als Denkmal verewigt« zu werden.

Kulinarische Tipps

Diese Tour sollte man nicht mit leerem Magen antreten. Das V&A bietet gutes, etwas teures Essen; sonntags gibt es Brunch/Lunch mit Jazzmusik, das Buffet bietet traditionelles englisches Frühstück bzw. Roastbeef; der Fixpreis von 12,50 Pfund schließt das Essen, ein Getränk und die Eintrittsgebühr für das Museum ein. Auch die anderen Museen haben Cafés, und um den U-Bahnhof South Kensington gibt es einige gute Coffee Shops. Ein empfehlenswertes französisches Café ist Filéric (57 Old Brompton Road), gegenüber liegt La Bouchée (Nr. 56), ein freundliches französisches Bistro mit unverfälschter Küche. Imbissbuden finden Sie in der Kensington High Street und der Brompton Road.

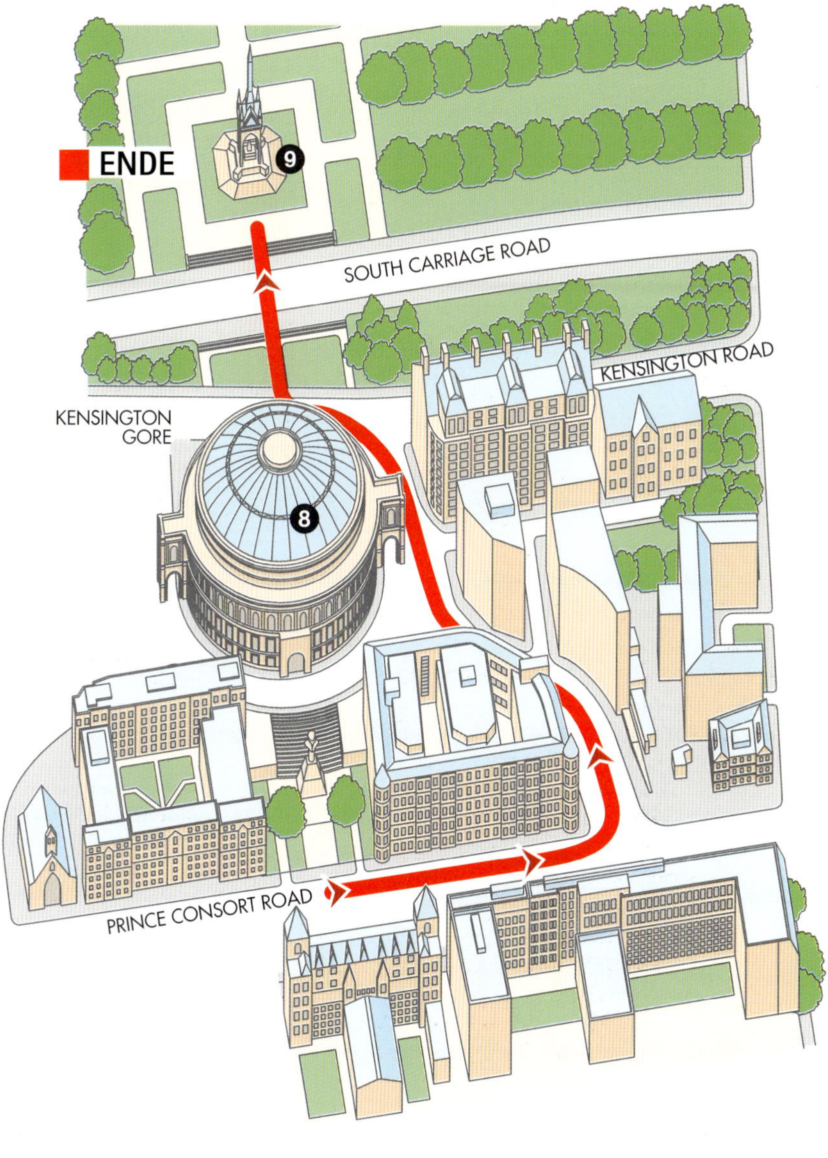
ENDE
9
SOUTH CARRIAGE ROAD
KENSINGTON ROAD
KENSINGTON GORE
8
PRINCE CONSORT ROAD

Chelsea

Den Mittelpunkt von Chelsea bildet die noble King's Road. Doch zwischen der King's Road und dem Fluss liegt das alte Chelsea, der Schlüssel zu den antibürgerlichen Wurzeln des Viertels. Ein Gang durch die Tite Street führt Sie an den Häusern vorbei, wo damals einige der rebellischen Künstler des 19. Jahrhunderts wohnten, z.B. James NcNeill Whistler. »Er machte aus London eine Kneipe, die irgendwo zwischen New York und Paris lag«, meinte Max Beerbohm, »und schrieb dort ein paar wüste Dinge ins Gästebuch.« Die Route führt am Cheyne Walk vorbei, wo im 16. Jahrhundert das Herrenhaus von König Heinrich VIII. stand. Zu seiner Zeit nannte man das bei so vielen Adligen beliebte Viertel im Volksmund »Dorf der Paläste«, obwohl alles mit einem einfachen Fischerdorf begonnen hatte.

BEGINN
Die Kreuzung von Royal Hospital Road und Tite Street. Nächster U-Bahnhof: Sloane Square. Beim Verlassen des U-Bahnhofs wenden Sie sich nach links und gehen die Lower Sloane Street hinunter. An der Royal Hospital Road biegen Sie nach rechts und marschieren etwa 10 Minuten bis zum Anfang der Tite Street.

ENDE
King's Road am Carlyle Square. Nächster U-Bahnhof: South Kensington oder Sloane Square.

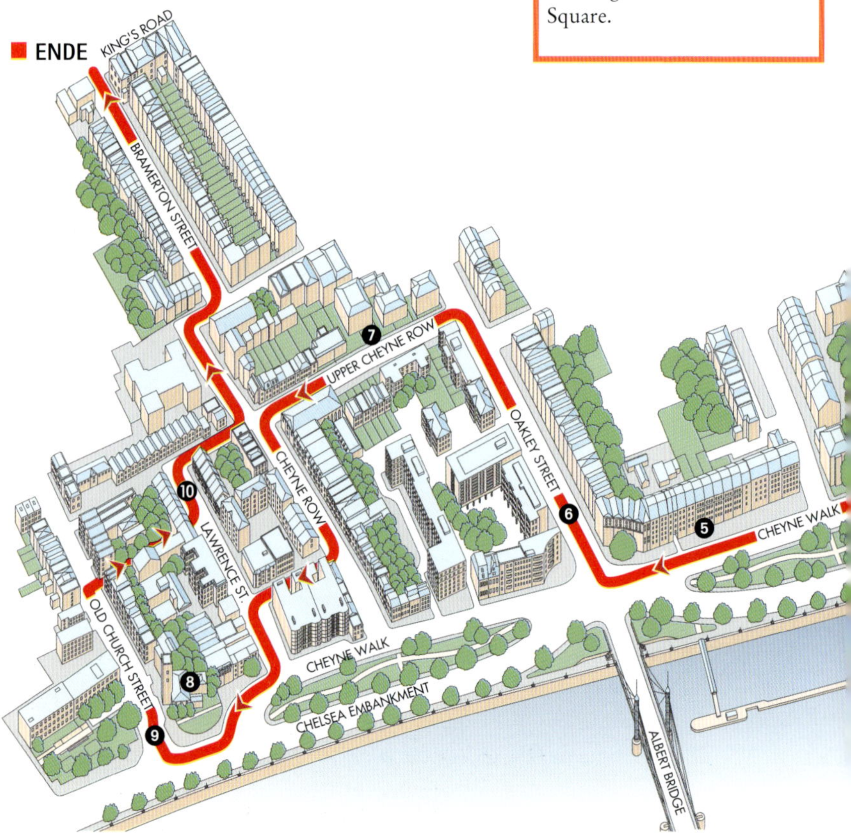

Um Platz für das neue Embankment zu schaffen, wurden Bootsschuppen, Töpfereien und Kneipen abgerissen.

»Boy David«, ein Denkmal für die MG-Schützen des 1. Weltkriegs am Chelsea Embankment.

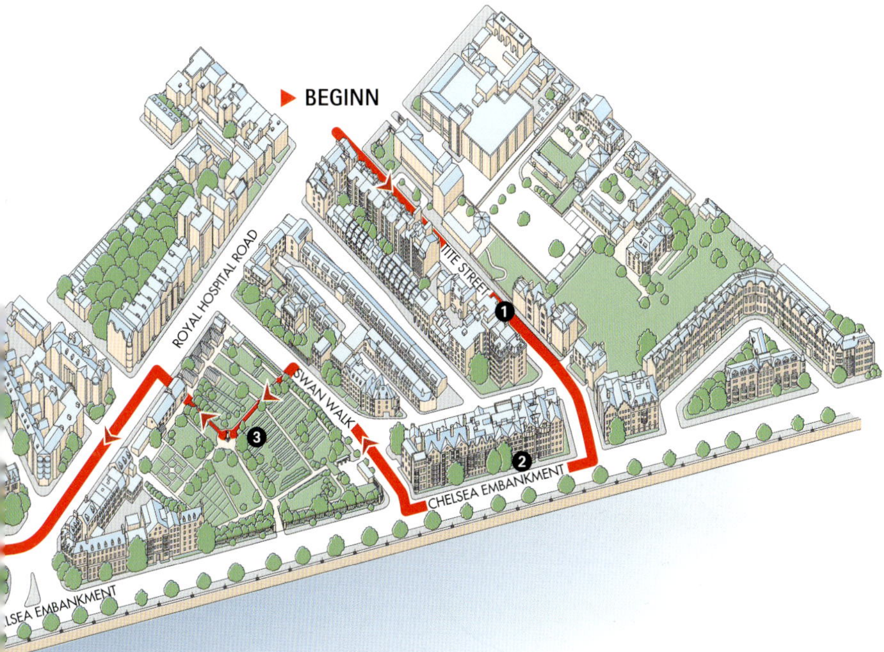

In den Chelsea Embankment Gardens findet man diese Gedenkplakette zu Ehren des 6. Dragonerregiments und seiner Rolle im Krieg in Südafrika 1899-1902.

Whistler versus Ruskin

Whistler musste White House fast sofort nach dessen Fertigstellung wieder verkaufen, um seine Gerichtsschulden nach einem Prozess gegen den Kunstkritiker John Ruskin bezahlen zu können. Ihr Streit steht stellvertretend für die Kollision von Altem und Neuem in der Kunst zu dieser Zeit. Ruskin hatte Whistler angegriffen, weil dieser für sein Bild »Nocturne in Black and Gold: the Falling Rocket« 200 Guineen verlangt hatte, und nannte dies die »Unverschämtheit eines Cockney«: »Der Künstler schleudert einen Kübel von Farbe ins Gesicht der Öffentlichkeit.« Whistler verklagte Ruskin wegen Beleidigung und gewann den Prozess; als Schadensersatz wurde ihm aber nur ein Farthing (ein Viertelpenny) zuerkannt. Am Ende war Whistler bankrott und verließ England, um sein Glück in Venedig zu versuchen.

❶ Die **Tite Street** war Mittelpunkt der radikalen jungen Künstlerszene gegen Ende des 19. Jahrhunderts. Viele der Künstler, die hier lebten, gehörten zum New English Arts Club, einer Vereinigung, die sich als Protest gegen die extrem konservative Royal Academy gebildet hatte. Der amerikanische Maler James McNeill Whistler bewohnte das damals sehr umstrittene White House, das einer der führenden Architekten jener Zeit, E. W. Godwin, 1878 für ihn konstruiert hatte (heute abgerissen). Dieser entwarf auch das Tower House (Nr. 44; heute umgebaut) und für Oscar Wilde die Inneneinrichtung von Haus Nr. 34, wo Wilde von 1884

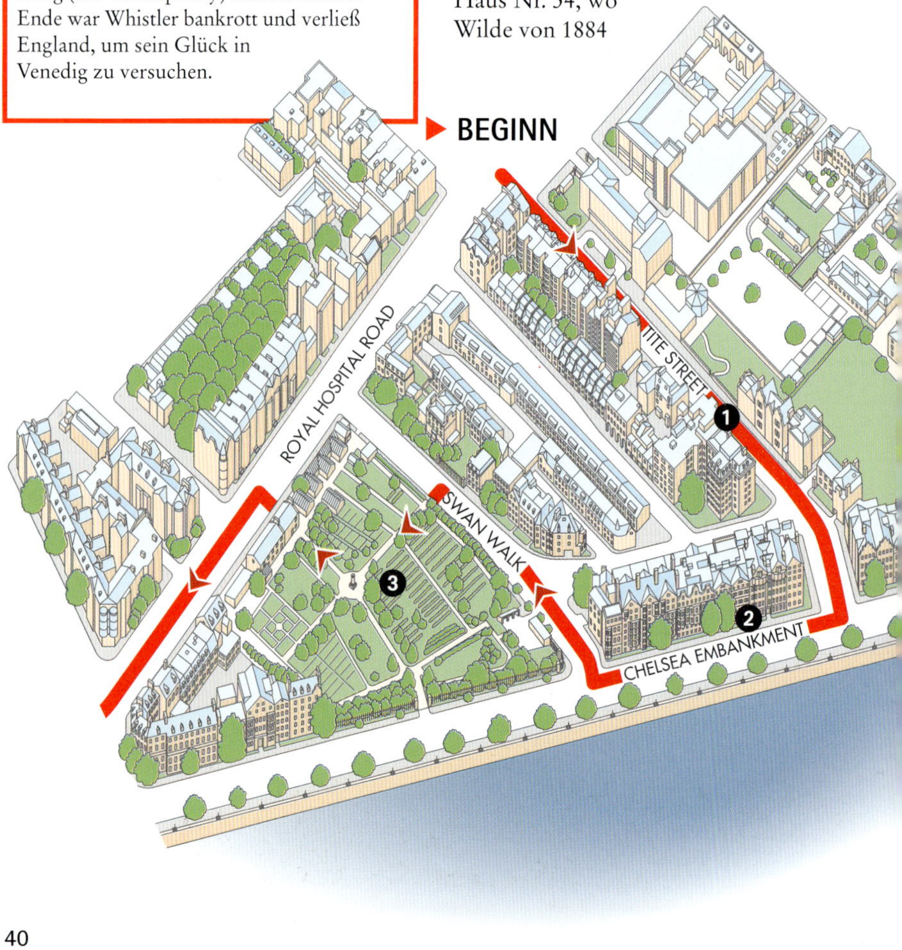

bis zu seiner Verhaftung 1895 wohnte. Das Atelier von Augustus John befand sich in Haus Nr. 33 und die Wohnung des Malers John Singer Sargent in Haus Nr. 31.

❷ Ungeachtet des kreativen Völkchens in der Tite Street bestanden die Planungsbehörden darauf, dass die vornehmen Gebäude, die in den 1870er Jahren entlang dem brandneuen **Chelsea Embankment** gebaut wurden, ein konventionelles Aussehen bekamen. Richard Norman Shaw entwarf die Häuser Nr. 18, 17, 15, 11, 10, 9 und 8 im Königin-Anna-Stil, seinem Markenzeichen, und auch E. W. Godwin wurde gezwungen, seine Vorliebe für elegante Schlichtheit zu ignorieren, als er die Häuser Nr. 6, 5 und 4 baute. Trotz ihrer Konventionalität waren die Gebäude immer begehrt, und zu den prominenten Bewohnern gehörten im 20. Jahrhundert Mick Jagger, Paul Getty II. und Gerald Scarfe.

Der Lavendelweg am Eingang zum Chelsea Physic Garden.

Der neue Straßendamm von 1871 war Teil eines unromantischen aber dringend

nötigen Konzepts, die Abwässerkanäle zu modernisieren, Slums zu säubern und den Verkehr zu erleichtern. Viele sahen mit den Maßnahmen den Untergang des alten Chelsea besiegelt, an dessen Flussufer die Wohnhäuser von Böttchern und Töpfern neben Bootsschuppen und Kneipen standen.

❸ Eine Biegung nach rechts in den Swan Walk bringt Sie zum **Chelsea Physic Garden** von 1673. Der botanische Garten war der erste seiner Art in London; 1712 wurde er von dem Arzt Hans Sloane erweitert und mit Heilpflanzen aus aller Welt bestückt. Ein Lehrpfad führt Sie zu einigen der interessantesten Exemplare. (Beachten Sie die eingeschränkten Besuchszeiten: April–Okt Mi 12–17, So 14–18 Uhr.)

Straßenbeleuchtung am Chelsea Embankment.

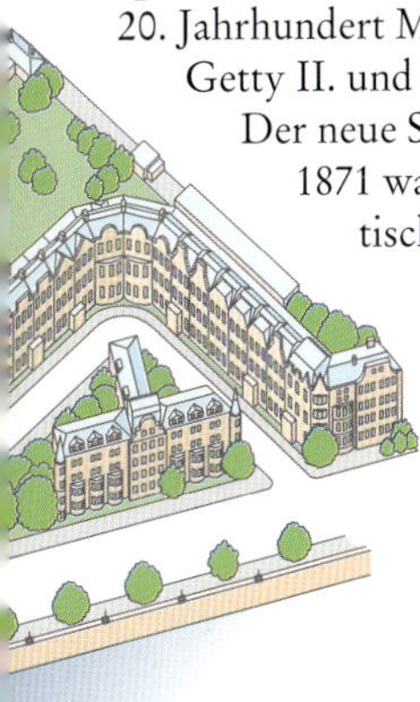

Die elegante Fassade eines Hauses von Richard Norman Shaw am Embankment.

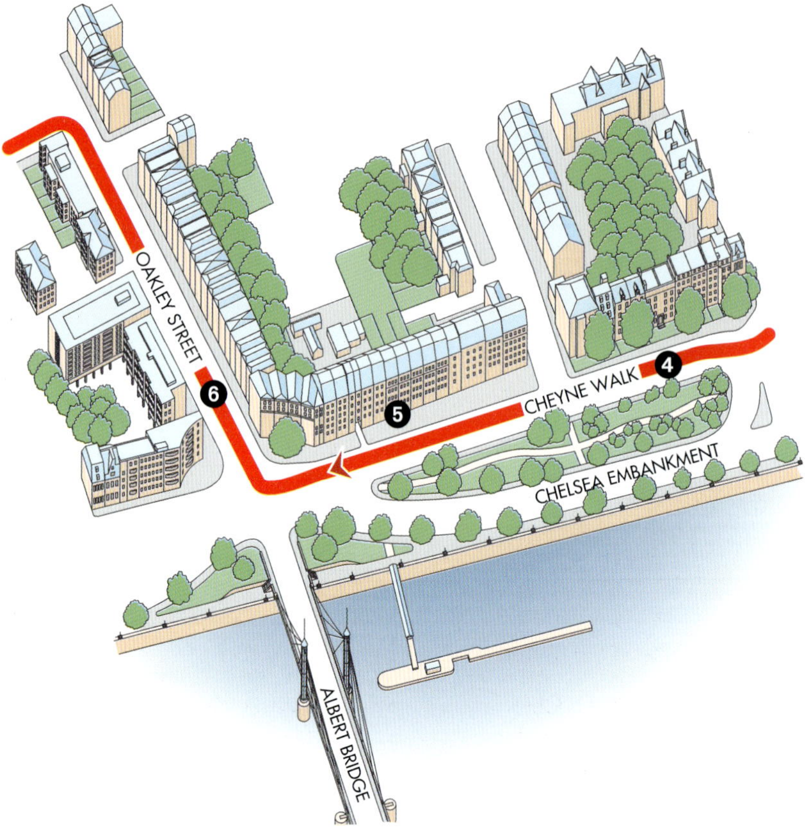

❹ Noch mehr berühmte Bewohner weist der **Cheyne Walk** auf, der durch einen Park vom Embankment getrennt liegt. Die Schriftstellerin George Eliot (1819–1880) starb im Haus Nr. 4 einige Monate nach ihrer Hochzeit mit 61 Jahren. Das Haus Nr. 16 teilten sich der Dichter A.C. Swinburne und der Maler D.G. Rossetti; sie hielten sich eine eigenwillige Menagerie als Haustiere, darunter Pfauen, über deren Lärm die Nachbarschaft nicht begeistert war.

Denkmal für den Maler und Dichter D.G.Rossetti (1828–1882) im Chelsea Embankment Garden.

Oben: Die Albert Bridge von 1873 mit ihren Mauthäuschen. Unten: Brückendetail.

❺ Als Chelsea noch von Wiesen und Gemüsegärten umgeben war, baute sich Thomas Morus, Freund und Berater von Heinrich VIII., ein Landhaus am Fluss. Hier wohnte auch Hans Holbein d.J., bevor er zum Hofmaler berufen wurde. Heinrich VIII. war so begeistert vom Haus seines Lordkanzlers, dass er gleich nebenan ein eigenes Haus an der Stelle errichten ließ, wo nun die **Häuser Nr. 19–26** des Cheyne Walk stehen. Das Herrenhaus wurde 1753 nach dem Tod seines letzten Bewohners, Sir Hans Sloane, abgerissen. Nach ihm wurde der Sloane Square benannt, und seine Sammlungen bildeten die Basis des jetzigen Museums für Naturgeschichte. Vom Cheyne Walk hat man eine schöne Aussicht auf die weiß-rosafarbene **Albert Bridge**. Sie wurde 1873 von R.M. Ordish als eine Kombination aus Ausleger- und Hängebrücke gebaut und besitzt noch immer ihre alten Mauthäuschen.

Das Haus von R. F. Scott, Oakley Street.

❻ Ein Schwenk nach rechts bringt Sie in die Oakley Street, wo im Haus Nr. 56 einst der Antarktisforscher Robert Falcon Scott wohnte. Im Haus Nr. 87 versuchte der Dichter Oscar Wilde, der wegen seiner Homosexualität ständig drangsaliert wurde, möglichst wenig aufzufallen. 1895 wurde er dennoch verhaftet und zu zwei Jahren Zuchthaus mit Zwangsarbeit verurteilt.

❼ Ein weiterer Bewohner von Chelsea, der mit dem Gesetz in Konflikt geriet, war der Essayist und Dichter Leigh Hunt, der für zwei Jahre in den Knast wanderte, weil er den Prinzregenten einen »fetten fünfzigjährigen Adonis« nannte. Er lebte in der Upper Cheyne Road Nr. 22, gehörte zum Kreis von John Keats und wurde allgemein geschätzt. Um die Ecke im Haus Nr. 24 im Königin-Anna-Stil lebte 47 Jahre lang der schottische Historiker und Philosoph Thomas Carlyle, davon 40 zusammen mit seiner Frau Jane, die einige der geistreichsten Briefe in englischer Sprache verfasste. Das **Carlyle's House** ist voller persönlicher Dinge, Porträts, Möbel und Erinnerungsstücke und während des Sommers geöffnet. (Öffnungszeiten: April–Okt Mi–So 11–17 Uhr.)

❽ Gehen Sie den Lordship Place entlang. Sie gelangen zur **Chelsea Old Church,** wo Heinrich VIII. Jane Seymour noch vor ihrer offiziellen Trauungszeremonie ehelichte. Die Privatkapelle wurde von Thomas Morus, dem Freund und Vertrauten des Königs, gebaut. Diese Freundschaft endete für Morus jedoch tragisch, als er sich weigerte, die Scheidung Heinrichs VIII. von Katharina von Aragón und seine nächste Eheschließung mit Anna Boleyn für rechtmäßig zu erklären und darüberhinaus dem König einen Treueid auch als Haupt der Church of England zu leisten. Er wurde 1535 im Tower hingerichtet.

❾ Die **Old Church Street** ist die älteste Durchgangsstraße in Chelsea, heute jedoch eine ruhige Seitenstraße zwischen dem lebhaften Embankment und den Geschäften der King's Road. Von ihr biegt der **Justice Walk** mit seinem alten Gerichtsgebäude ab, dessen Zellen im

19. Jahrhundert von dem Händler H. Allen Smith als Weinkeller genutzt wurden. Modeenthusiasten sollten keinesfalls den Schuhladen **Manolo Blahnik** in der Old Church Street Nr. 49 auslassen.

❿ Der Justice Walk bringt Sie in die **Lawrence Street,** wo in Haus Nr. 16 der Romancier Tobias Smollett wohnte und in der Chelsea China Factory Porzellan hergestellt wurde. Chelsea war im 18. Jahrhundert ein führendes Zentrum der keramischen Industrie, da der Fluss als günstiger Verkehrsweg und genügend Sumpfland zur Beseitigung von Fabrikresten zur Verfügung standen.

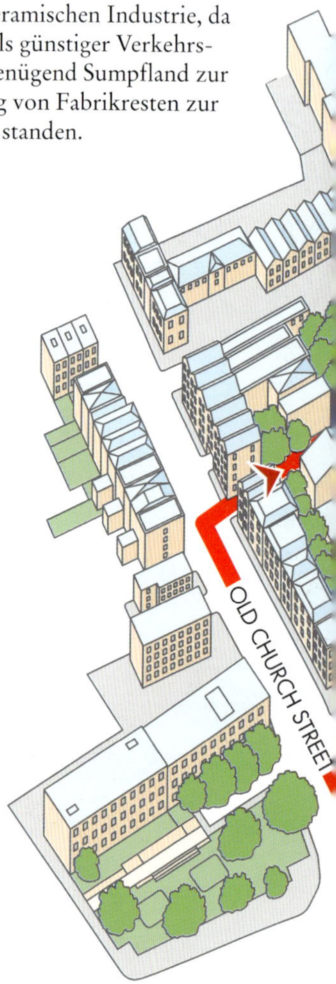

Vor der Chelsea Old Church steht dieses Denkmal für Thomas Morus, der seine Amtskette auf den Knien liegen hat.

Mayfair

Als der Architekt John Nash zu Beginn des 19. Jahrhunderts die Regent Street baute, schwebte ihm eine Art soziale Feuerschneise vor, die die Handwerker und Händler aus Soho vom neuen Stadtviertel Mayfair fernhalten sollte. Diese Trennlinie existiert noch heute: Während Soho anscheinend nach seinen eigenen Regeln in ständiger Bewegung, nach der neuesten Mode und mit quirligem Nachtleben existiert, ist in Mayfair das englische Establishment vergangener Zeit eingefroren und konserviert worden. Das fiktive Haus der Romanfiguren von P.G. Wodehouse, Jeeves und Bertie Wooster, stand in der Half Moon Street. Wo nimmt man um 16 Uhr seinen Nachmittagstee? Natürlich bei Brown's. Wo kauft man seine Sportwaffen, seine Jagd- und Angelausrüstung? Natürlich bei den königlichen Hoflieferanten Holland & Holland. Wie in Lewis Carrolls Buch »Alice im Spiegelreich« werden Sie einen Spaziergang durch Mayfair als eine kuriose Erfahrung erleben: Das Viertel ist ein Spiegel, der nichts widerspiegelt, ein Ort, der zeitlich stillsteht, während die Welt um ihn herum sich verändert.

An der Old Bond Street steht Lawrence Holoscenets Skulptur »Verbündete« (Churchill und Roosevelt).

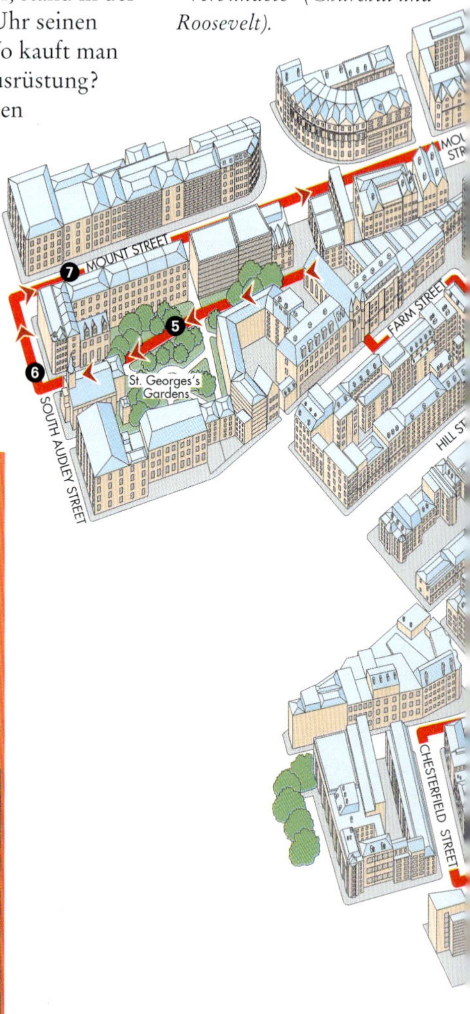

BEGINN
Half Moon Street. Nächster U-Bahnhof: Green Park. Nehmen Sie den U-Bahnausgang Piccadilly (Nordseite) und gehen Sie nach links drei Häuserblocks bis zur Half Moon Street.

ENDE
Albemarle Street. Nächster U-Bahnhof: Green Park.

Piccadilly.

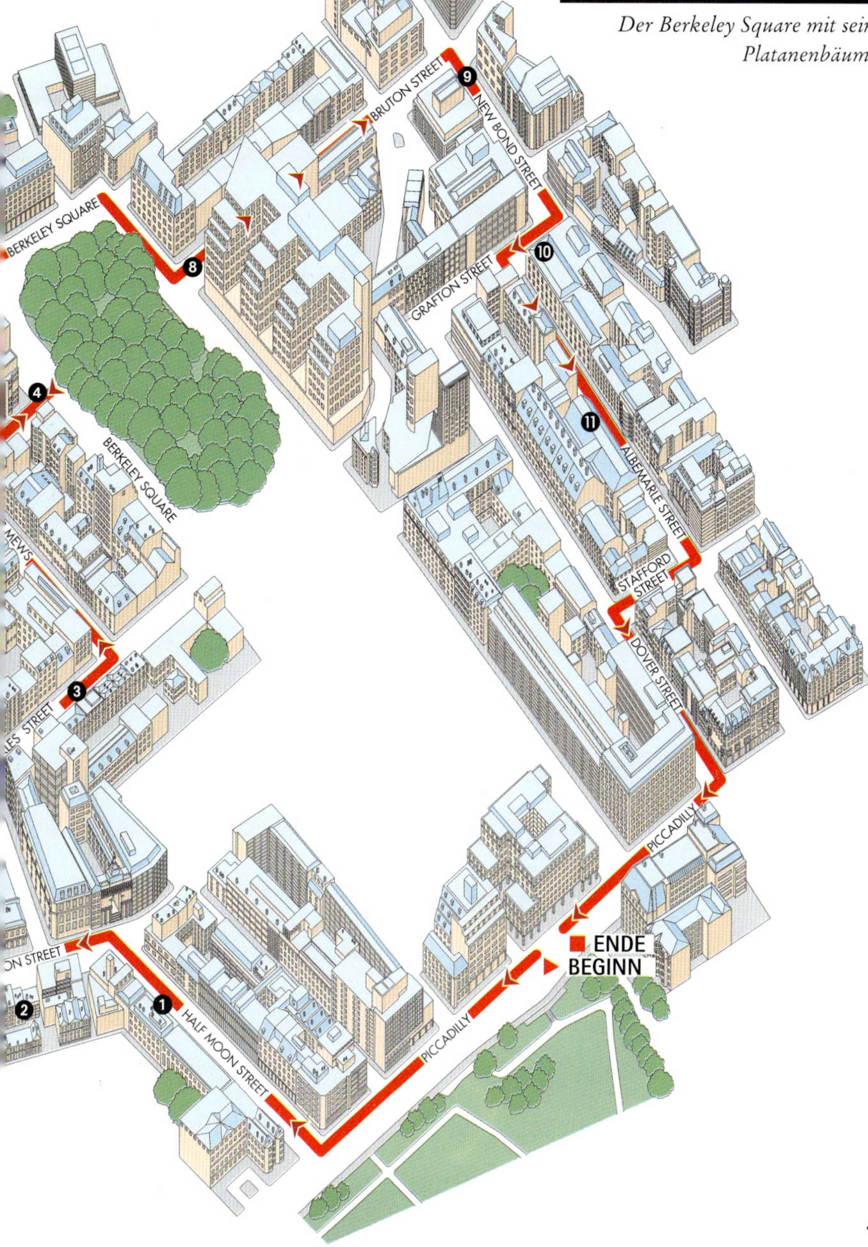

Der Berkeley Square mit seinen Platanenbäumen.

❶ Der Schriftsteller P.G.Wodehouse gab seinen Romanfiguren, dem Gentleman Bertie Wooster und seinem Diener Jeeves, eine Zweitwohnung in der **Half Moon Street,** von wo aus sie die Klubs in Mayfair und Pall Mall aufsuchen konnten. Ohne jeden Zweifel hätte sich Wooster seine Haare bei G.F. Trumper in der Curzon Street Nr. 9 schneiden lassen.

Harry's Bar in der South Audley Street.

❷ Die Gegend südlich der Curzon Street nennt sich **Shepherd Market** und war im späten 17. Jahrhundert für seine Jahrmärkte bekannt, die auch dem Viertel seinen Namen gaben. 1764 wurde der Jahrmarkt nach der Renovierung des Stadtteils verboten, als die neuen Anwohner sich von »dieser Brutstätte allen Übels« gestört fühlten. Zurück in der Curzon Street, gelangen Sie zum **Curzon,** das anspruchsvolle Filme zeigt und sich der bequemsten Sessel aller Londoner Kinos rühmt. Eine Biegung nach rechts bringt Sie in die Chesterfield Street mit ihren gut erhaltenen Fassaden. Beau Brummel (1778–1840), der Inbegriff des Dandys schlechthin, lebte im Haus Nr. 4.

Diese Statue schmückt den Berkeley Square.

❸ Ein weiterer Rechtsschwenk führt Sie in die Charles Street und zum Pub **Running Footman** an der Kreuzung mit Hay's Mews. Der Pub befindet sich auf der Strecke eines Sänftenrennens, das jedes Jahr im Mai stattfindet.

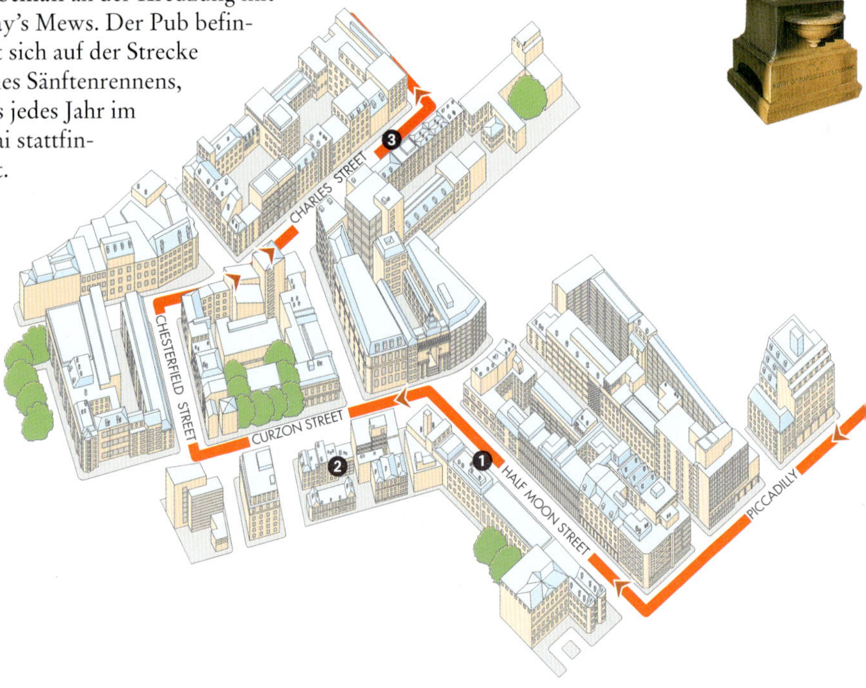

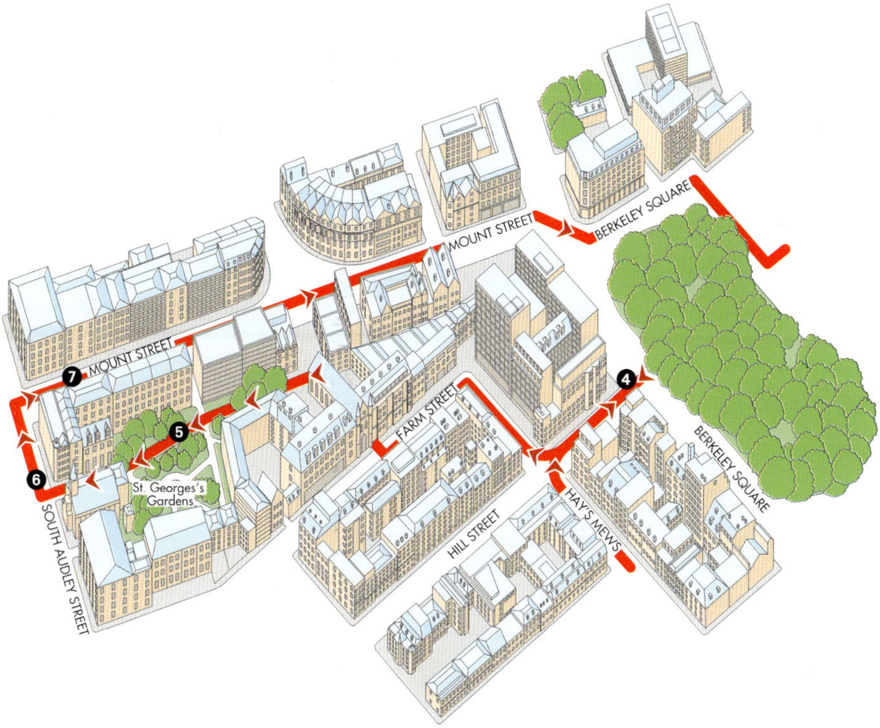

❹ An der Hill Street angekommen, machen Sie einen Abstecher zum **Berkeley Square.** In Haus Nr. 44 befindet sich jetzt der Spielklub **Clermont.** Es ist eines der elegantesten Bauwerke des 18. Jahrhunderts und Sie können einen Blick auf die Inneneinrichtung werfen, die William Kent 1742–1744 für Lady Isabella Finch entworfen hat.

❺ Am Berkeley Square werden Sie keine Nachtigall singen hören. Aber im **St George's Garden,** einer wunderbaren Oase mit Platanen und Palmen, können Sie morgens vielleicht einer Drossel lauschen. Gleich daneben steht die Jesuitenkirche der Unbefleckten Empfängnis mit einem schönen Altarbild von Pugin. Sie ist eine der wenigen katholischen Kirchen in London, wo die Heilige Messe noch in Lateinisch gesungen wird.

Brunnen in St George's Gardens.

❻ »Mein Name ist Bond, James Bond« ist ein Satz, den man in der **South Audley Street** auf Schritt und Tritt erwartet. Seine Spionageausrüstung erhält man in den Läden Nr. 59 und 62, die sich selbst als Lieferanten von Wanzen, Infrarotkameras und sonstigem Schnüfflerbedarf anpreisen.

❼ In der **Mount Street** finden Damen von Welt alles, was sie benötigen, vor allem eine Hand voll der erlesensten und berühmtesten Hairstylisten. Zu den zahlreichen Spezialgeschäften gehört das **Audley** in Nr. 96, wo legendäre maßgefertigte Schuhe verkauft werden, die Qualitätsmetzgerei **Allens** in Nr. 17, die auch Wild bietet, und **Sautter's** in Nr. 106, eine gute Adresse für Zigarrenliebhaber.

❽ Der Rundgang bringt Sie nun wieder zum Berkeley Square. Nach der Legende ging Beau Brummell eines sehr frühen Morgens des Jahres 1813 mit einem Freund nach Hause, als er im Rinnstein eine Sixpence-Münze erblickte. Er verkündete, diese werde sein Glück im Spiel verbessern, bohrte ein Loch hinein und befestigte sie vor dem Schlafengehen an seiner Uhrkette. Seither war ihm Fortuna fast immer erstaunlich hold – sagt zumindest die Legende aus den Spielerkreisen von Mayfair. Im 18. und 19. Jahrhundert war das Glücksspiel eine nationale Besessenheit und ganze Vermögen wurden in einer einzigen Nacht in Klubs wie dem **Whites** in Nr. 37 verspielt. Verlassen Sie den Berkeley Square durch die **Bruton Street,** eine Straße mit vielen Kunstgalerien, die die Werke international renommierter Künstler verkaufen. Auf der gegenüberliegenden Seite der Straße liegt das hoch gelobte Restaurant **The Square.** Wenn Sie dort einen Lunch nehmen wollen, sollten Sie zeitig reservieren (Tel. 020 7495 7100).

Wer in der Bond Street nach dem Preis fragen muss, kann sich die Ware sicher nicht leisten!

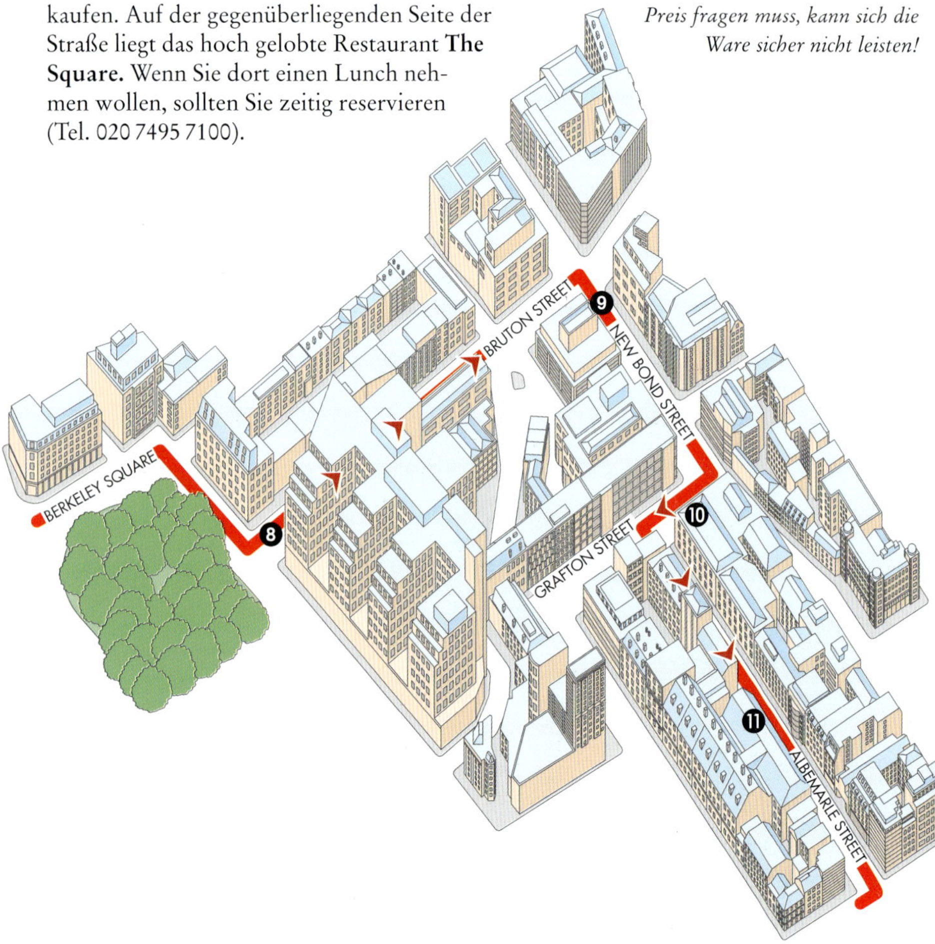

❾ Biegen Sie nach rechts in die **New Bond Street.** Dort drängen sich die Nobeletablissements von Hermès, Max Mara, Donna Karan und Nicole Farhi auf engstem Raum. Das Café im Untergeschoss von **Nicole Farhi** ist empfehlenswert für einen Brunch, eine Tasse Kaffee oder einen Cocktail. An dieser Stelle biegen Sie wieder nach rechts in die Albemarle Street.

Arkade zwischen der Albemarle Street und der Bond Street.

❿ Ein winziges Museum in der **Royal Institution,** Nr. 21, enthält unter anderem den Nachbau des Labors, in dem Michael Faraday in den 1930er Jahren die Gesetze des Elektromagnetismus entdeckte; alljährlich werden hier die Vorlesungen der *Faraday Lectures* gehalten. Gegen Ende des 19. Jahrhunderts waren Vorträge hier fast so sehr in Mode gekommen wie die Markenkleidung in der Bond Street, und die (weiblichen) Fans des charismatischen Chemieprofessors Humphry Davy drängten genauso ungeduldig in seine Vorlesungen wie heute die Modeenthusiasten bei einer neuen Präsentation zum Laufsteg. Das Faraday Museum ist Mo–Fr von 10–18 Uhr geöffnet.

⓫ Auf der anderen Straßenseite befindet sich in Haus Nr. 26B das Restaurant **Coast:** cool, trendy und dennoch gemütlich, mit ausgezeichnetem Essen. Das **Brown's Hotel** in Nr. 30 ist ein klassischer Ort für den Nachmittagstee. 1894 wohnte Rudyard Kipling hier und schrieb die letzten Zeilen von »Das Dschungelbuch«. Der Tee wird Montag bis Freitag zwischen 15 und 17.45 Uhr in zwei »Schichten« serviert, wobei man entweder um 15 oder um 16.45 Uhr Platz nimmt. Um Reservierung wird gebeten (Tel. 020 7493 6020).

Links: Brown's Hotel, wo Tee (s. o.) noch eine Institution ist.

St James's und Piccadilly

▶ **BEGINN**
Admirality Arch.
Nächster U-Bahnhof: Charing Cross.
Nehmen Sie den Ausgang zum Trafalgar Square und überqueren Sie diesen in Richtung Admirality Arch und The Mall.

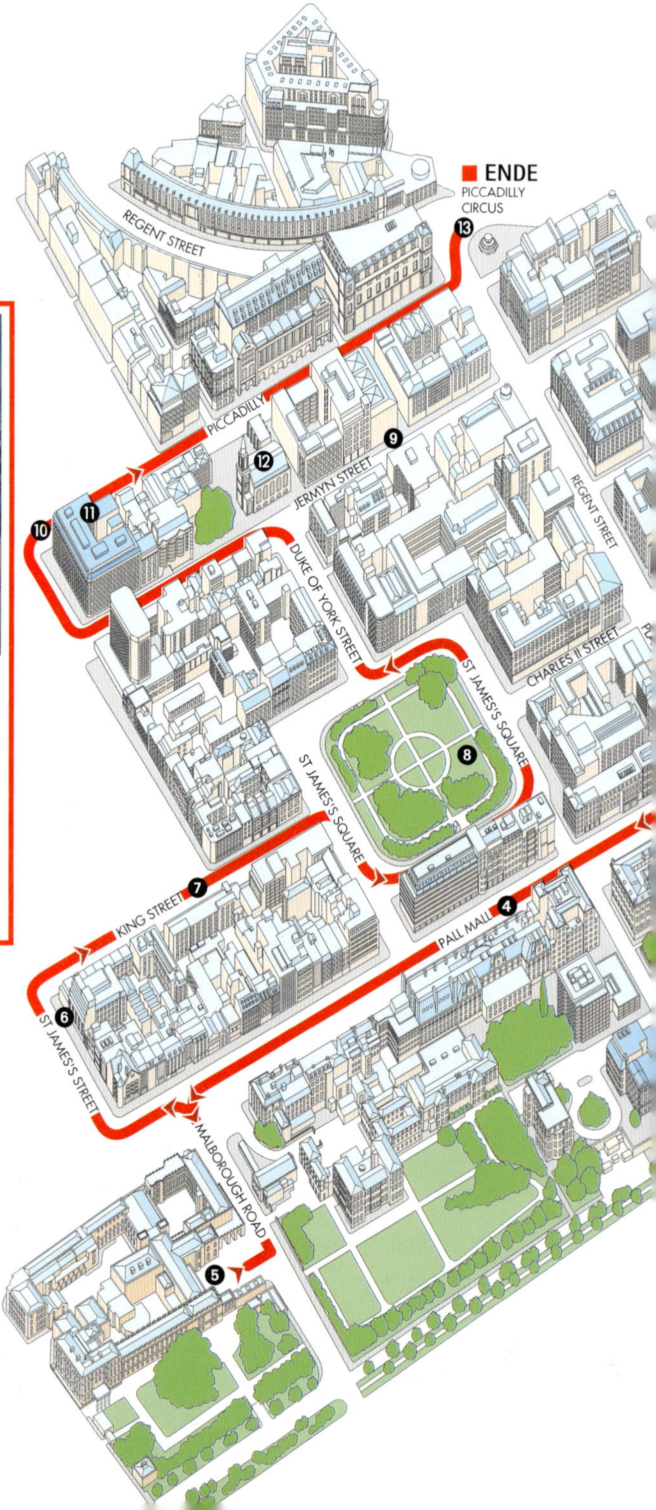

Zu Beginn des 19. Jahrhunderts entwarf der bedeutende Architekt John Nash einen Bebauungsplan für das Areal zwischen dem Regent's Park im Norden und dem Carlton House im Süden, wo damals der Prinzregent, sein Gönner und Auftraggeber, residierte. Unser Spaziergang beginnt mit Nash beim Admiralty Arch, führt dann durch den vornehm-gediegenen Stadtteil St James's und endet wieder mit Nash am Piccadilly Circus. Von hier aus verlaufen Nashs Spuren über die imposante Regent Street und den Oxford Circus weiter bis zum Park.

Waterloo Place.

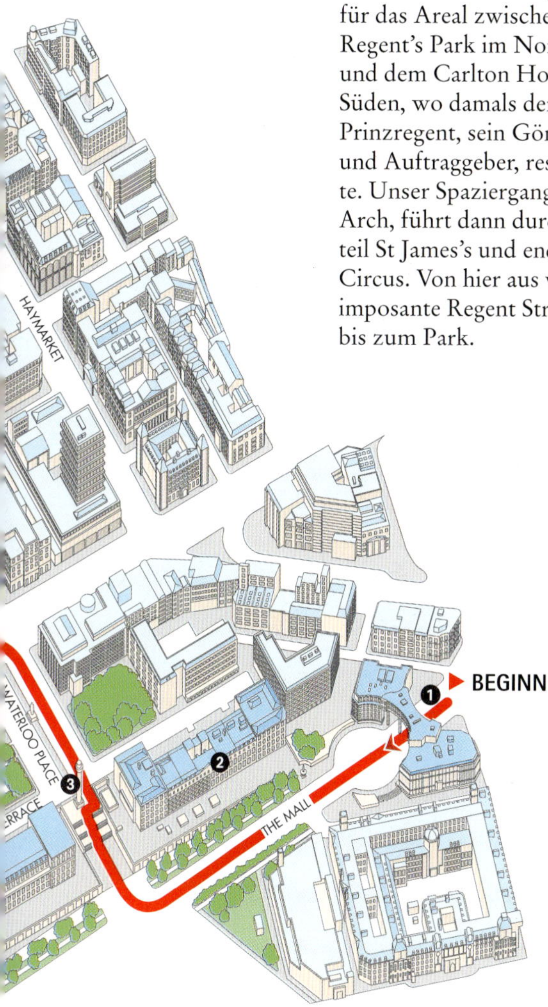

ENDE

Piccadilly Circus.
Nächster U-Bahnhof: Piccadilly Circus.

Das Institute of Contemporary Arts in der Carlton House Terrace.

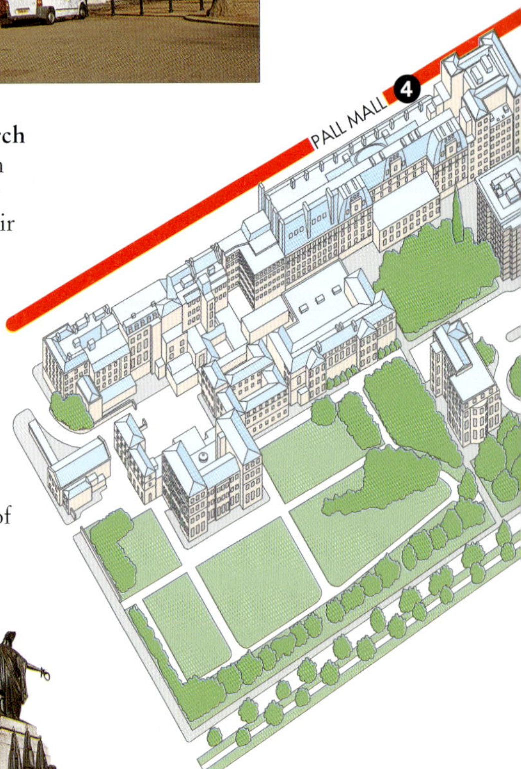

❶ Der Blick durch den **Admiralty Arch** die Mall hinunter auf den Buckingham Palace ist beeindruckend. Erst mit der Fertigstellung dieser Gebäude durch Sir Aston Webb im Jahr 1911 hatte auch London eine Parademeile für die königliche Familie.

❷ In den **Mall Galleries** (Öffnungszeiten: Mo–Sa) an der Nordseite der Mall werden Ausstellungen zeitgenössischer Kunst gezeigt. Das **Institute of Contemporary Arts** zu Füßen der Duke of York Steps organisiert Filmvorführungen, Theateraufführungen und Diskussionsveranstaltungen und unterhält einen Buchladen und ein Café (Öffnungszeiten: Di-So 12–21 Uhr). Auf beiden Seiten der Treppe erstreckt sich die ursprüngliche **Carlton House Terrace,** die letzte Arbeit von John Nash.

Das Denkmal am Waterloo Place erinnert an den Krimkrieg.

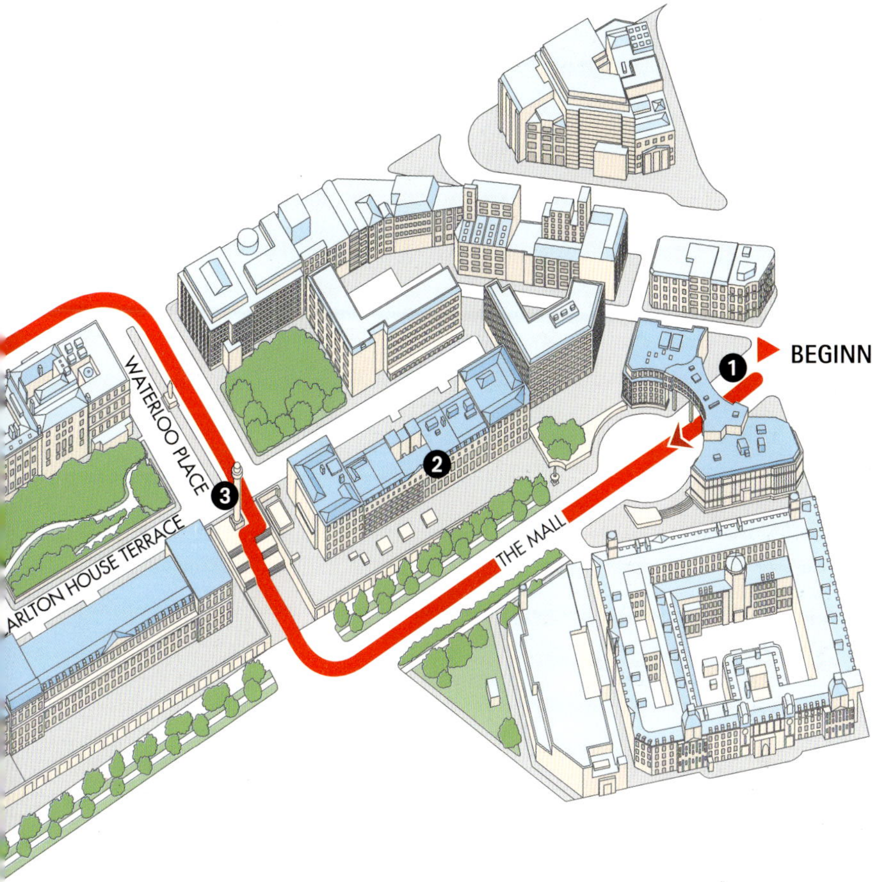

❸ Von der Mall aus führt eine breite Steintreppe zur **Duke of York's Column,** die von Benjamin Wyatt 1831–1834 gebaut wurde. Der Duke of York, dessen Standbild von Sir Richard Westmacott entworfen wurde, war der zweite Sohn von König Georg III.

❹ Wo einst mit Schläger und Ball das französische Spiel Pelle malle betrieben wurde, befindet sich nun die **Pall Mall;** der Name blieb also, obwohl die Straße in einen vornehmen Boulevard verwandelt wurde. Hier trafen sich die wahren Gentlemen in ihren Klubs, deren prächtige Fassaden das Straßenbild prägen. Entlang dem Abschnitt, der zum Waterloo Place führt, findet man den **Reform Club** (Nr. 104), den **Travellers' Club** (Nr. 106) und das phantastische **Athenaeum** von Decimus Burton. Dessen Gegenstück auf der anderen Seite des Waterloo Place ist von Nash und wurde von Burton umgestaltet.

Das Denkmal von Wellington auf dem Waterloo Place.

❺ **St James's Palace** wurde für Heinrich VIII. um vier Höfe herum gebaut. Das Gatehouse ist das wichtigste Relikt dieses Komplexes aus der Zeit der Tudors; aus dieser Ära stammt auch die Chapel Royal, wo schon seit Jahrhunderten die Tradition der Chormusik gepflegt wird. Dem Palast gegenüber, in der Marlborough Road, liegt die **Queen's Chapel** von Inigo Jones aus dem Jahr 1627, die erste Kirche Englands im klassizistischen Stil.

Ein Wachsoldat vor dem St James's Palace.

❻ Geschäfte für den englischen Gentleman findet man gehäuft in **St James's Street.** Hier residieren ehrwürdige Zigarrenhändler, Weinhändler, Büchsenmacher, Hutmacher und Apotheken. Auf dem krummen Fußboden von **Berry Brothers & Rudd** (Nr. 3) stehen große Waagschalen. Zuerst wog man damit Tee und Kaffee, seit 1765 jedoch die illustren Mitglieder der Gesellschaft: Der Dandy Beau Brummell, der Dichter Lord Byron und John Nash selbst ließen regelmäßig ihr Gewicht prüfen. Ein Bogen neben dem Geschäft führt zum kleinsten Platz in London, dem **Pickering Place.** Zur Cocktailstunde sollten Sie das **Dukes Hotel** aufsuchen, das in der Nähe des St James's Place versteckt liegt und wo der Barkeeper Gilberto Preti mit großer Geste die besten Dry Martinis der Stadt mixt.

Vor dem Zigarrenladen in St James's Street.

Die ehrwürdigen Weinhändler Berry Brothers & Rudd Ltd.

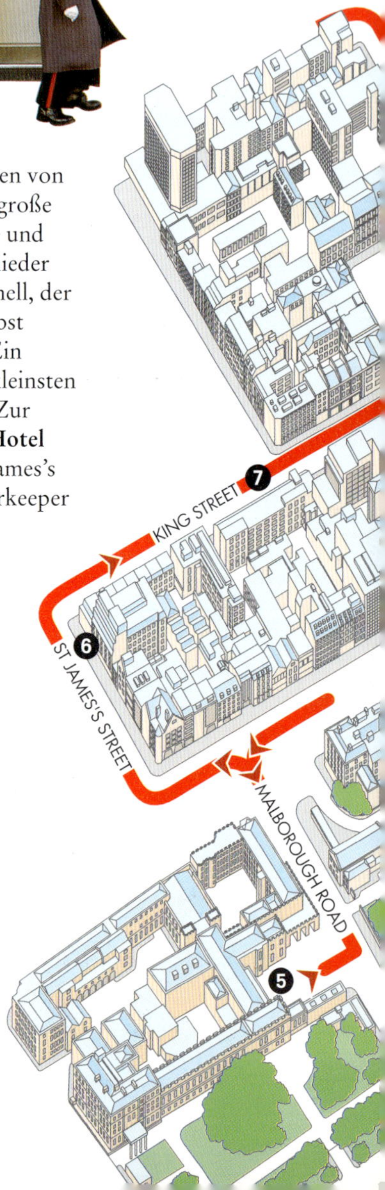

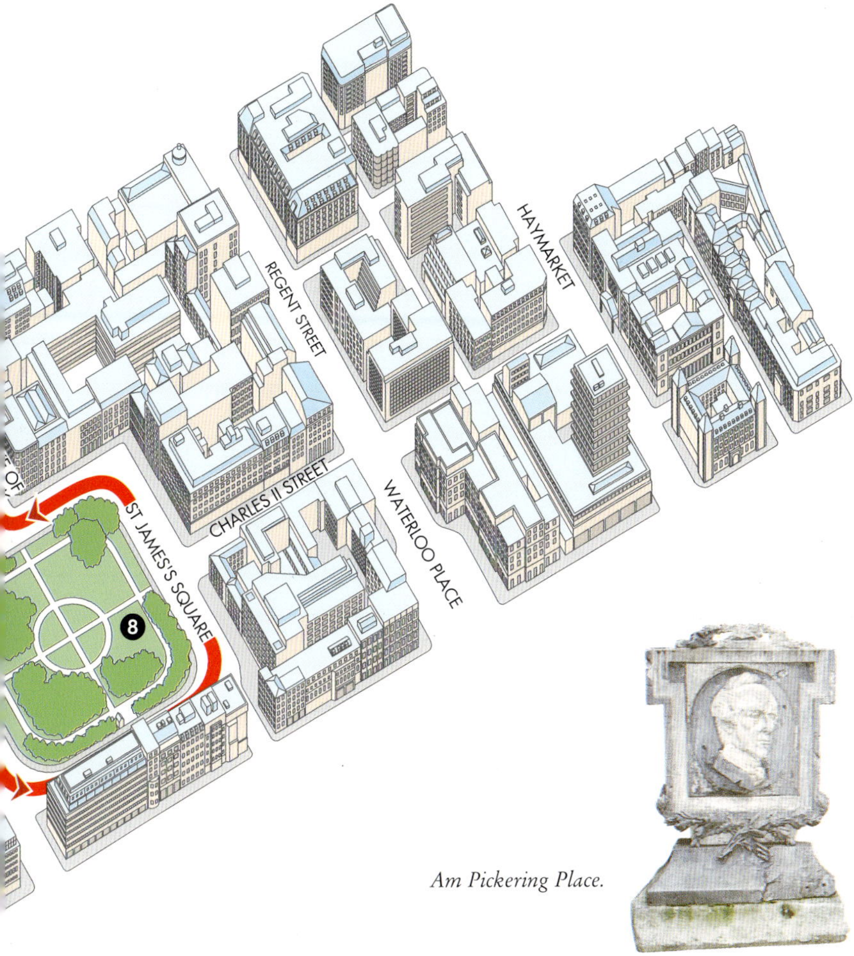

Am Pickering Place.

❼ In und nahe der **King Street** konzentrieren sich die Kunsthändler, z.B. **Spink & Co;** dort liegt auch Christie's, eines der größten Auktionshäuser der Welt.

❽ **St James's Square** wurde im 17. Jahrhundert unter dem Earl of St Albans gestaltet; hier traf sich die Elite der Stadt. Beim Überqueren der Charles II Street sollten Sie einen Blick auf das **Theatre Royal, Haymarket** von John Nash werfen.

An einer Ecke von St James's Place.

Piccadilly.

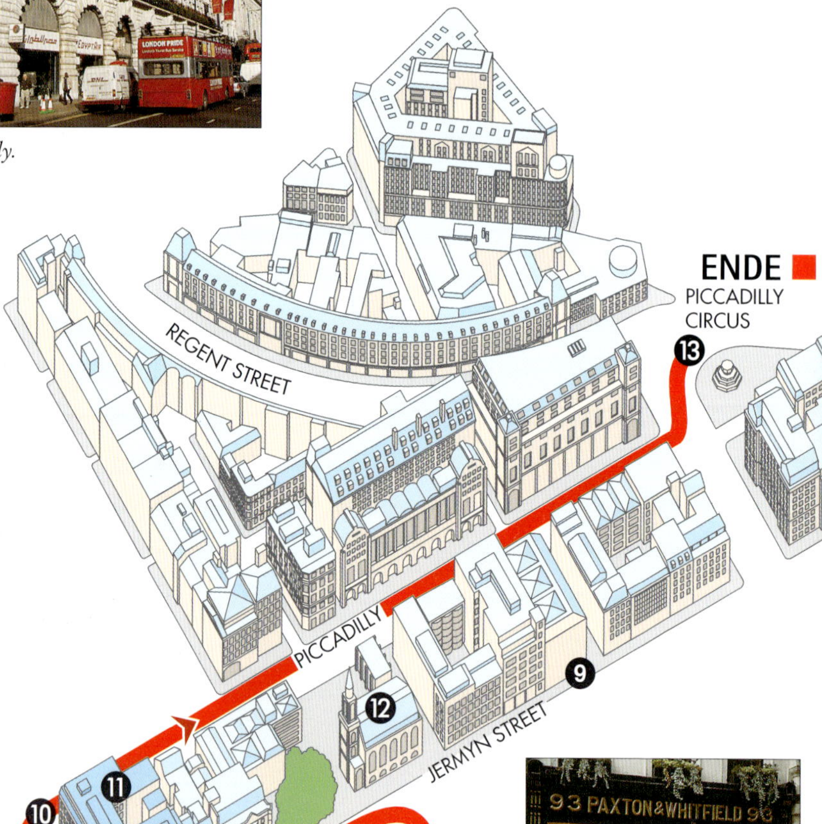

Käselaibe bei Paxton & Whitfield.

❾ In der **Jermyn Street** findet der englische Gentleman die nötigen Accessoires, vor allem Hemden. Bei **Paxton & Whitfield** kann man aus über 300 Käsesorten auswählen. Das **Mokaris** (nahe der St James's Street) mit holzvertäfelten Innenwänden und Tischen im Freien lädt zu einer Pause ein.

Plakette an der St James's Church.

Fortnum & Mason.

❿ **Piccadilly:** Der Name geht auf einen Schneider aus dem 17. Jahrhundert, Robert Baker, zurück. Er verdiente sein Geld vor allem mit Stehkrägen, die damals »Picadils« hießen, und baute sich damit ein Haus, das entsprechend »Piccadilly Hall« genannt wurde.

⓫ Im Feinkostladen **Fortnum & Mason** können Sie edle Leckereien kaufen. Fast nebenan liegt die Buchhandlung **Hatchards** und etwas näher zum Piccadilly Circus **Waterstones.** Alle fünf Stockwerke des Gebäudes aus den 1930er Jahren werden von Büchern, aber auch von Lehnsesseln und Sofas beherrscht; häufig signieren hier Autoren ihre Werke. Vom Café im fünften Stock hat man eine großartige Aussicht.

Angel of Christian Charity am Piccadilly Circus.

⓬ **St James's,** eine einfache Backsteinkirche von Sir Christopher Wren, ist bekannt dafür, sich für liberale Ziele einzusetzen und war oft der Schauplatz von hochrangigen Gedenkgottesdiensten. Im Hof findet (Di–Sa) ein Markt für Kunsthandwerk statt.

Statue vor der St James's Church.

⓭ Ein seit vielen Generationen beliebter Treffpunkt ist der **Piccadilly Circus.** Londons berühmtestes Denkmal stellt übrigens nicht Eros, den Gott der Liebe, dar, sondern den Engel der christlichen Nächstenliebe und ist dem Philantropen Lord Shaftesbury gewidmet.

West End

Die Büste von John Nash steht vor der Kirche All Souls in der Regent Street.

Es war die Idee des Lebemanns und Prince of Wales, des späteren Königs Georg IV., zwischen der Pall Mall und dem Portland Place eine riesige Schneise, die Regent Street, zu schlagen. Dazu wurden 1811 etwa 700 Läden und kleine Häuser abgerissen, nachdem ihre Pachtzeit abgelaufen war. Sein Architekt, John Nash, war persönlich daran beteiligt, die vornehmen Fassaden dieses Projekts an Geschäfte und Firmen zu vermieten. Der Originalplan, der allerdings nie voll verwirklicht wurde, war ehrgeizig – danach sollte die Regent Street in eine richtige Siedlung mit imposanten Häusern um den Regent's Park einmünden. Der Handel spielte in diesen Plänen immer eine wichtige Rolle und ist auch heute die treibende Kraft im Stadtviertel; die Läden auf diesem Rundweg sind Markenzeichen Londons und liefern alles von modischer Kleidung bis zu wertvollen Kunstwerken; zwischen vielen anderen schönen historischen Gebäuden findet sich schließlich auch die Royal Academy of Arts. Diesen Spaziergang können Sie mit der Wanderung durch St. James's und Piccadilly verbinden (siehe Seite 52–59).

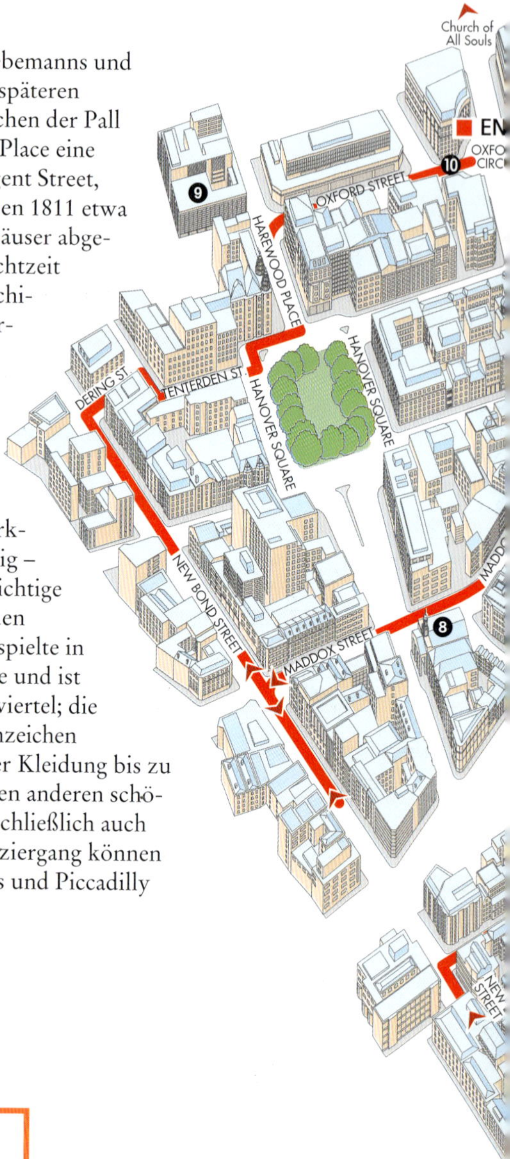

▶ BEGINN

Piccadilly Circus. Nächster U-Bahnhof: Piccadilly Circus. Nehmen Sie den Ausgang zur Regent Street (Norden/Osten) und gehen Sie die Straße bis zum Café Royal hinauf.

ENDE

Oxford Circus. Nächster U-Bahnhof: Oxford Circus.

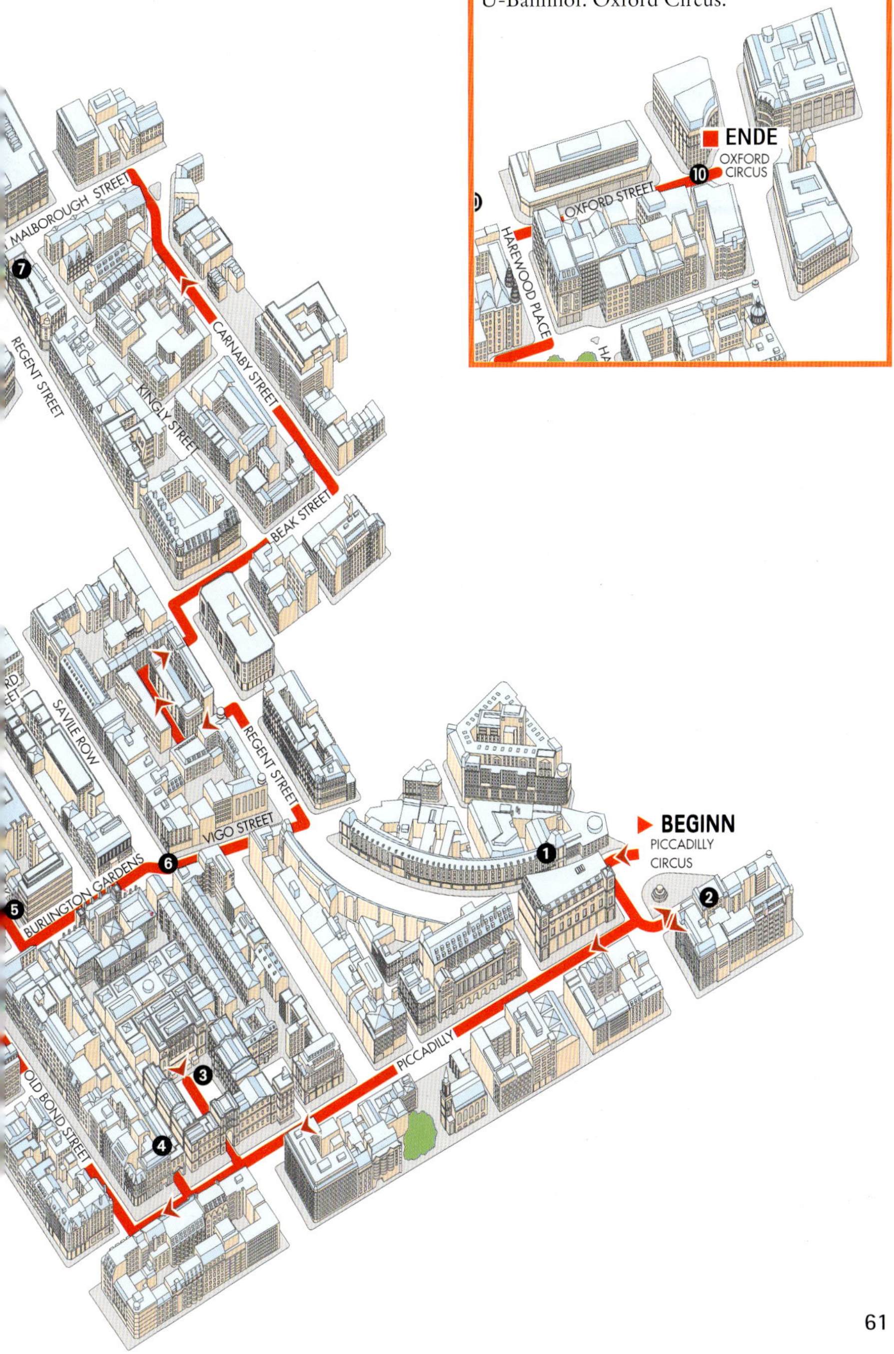

❶ Die lang gezogene Kurve, die vom Piccadilly Circus wegführt und **The Quadrant** heißt, ist praktisch alles, was von der ursprünglichen Regent Street von John Nash übrig geblieben ist. Seine eisernen Kolonnaden wurden 1846 zerstört und die von ihm entworfenen Häuser in den 1920er Jahren durch Neubauten von Reginald Blomfield ersetzt. Zwei charakteristische Bestandteile seiner Pläne haben überlebt: die beiden Plätze, wo die Regent Street auf den Piccadilly bzw. die Oxford Street trifft. Nash entwarf sie, um den Eindruck abzuschwächen, seine Regent Street würde diese Durchgangsstraßen einfach kreuzen. Seit dem Ende des 19. Jahrhunderts gehörten glitzernde Cafés zum Straßenbild des West End. Das **Café Royal** am Quadrant war ein Bohèmerestaurant im Brasseriestil, wo Gäste wie Oscar Wilde und die Künstler A. V. Beardsley und J. A. Whistler verkehrten.

❷ Ein weiteres Toprestaurant dieser Zeit war die stuckverzierte **Criterion Brasserie** auf der gegenüberliegenden Seite des Piccadilly Circus. Es rühmte sich, über 2000 Gäste gleichzeitig bedienen zu können. Ähnlich geschäftig und routiniert geht man auch heute darin zu Werke. Moderne Etablissements dieser Art sind nicht weit entfernt: die **Titanic** über dem Atlantic Bar and Grill (81 Brewer Street; Tel. 020 7437 1912) und der **Oak Room** im Hotel Meridien (21 Piccadilly; Tel. 020 7437 0202). Beide erglänzen in barocker Pracht, nicht zuletzt dank großer Kronleuchter aus Muranoglas.

Die Criterion Brasserie am Piccadilly Circus.

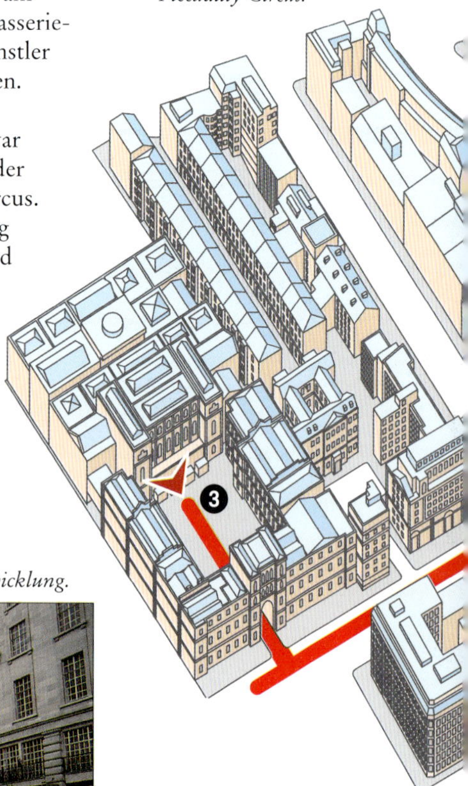

Nashs Quadrant überlebte die spätere Stadtentwicklung.

Sir Joshua Reynolds, Mitglied der Royal Academy, bei der Arbeit.

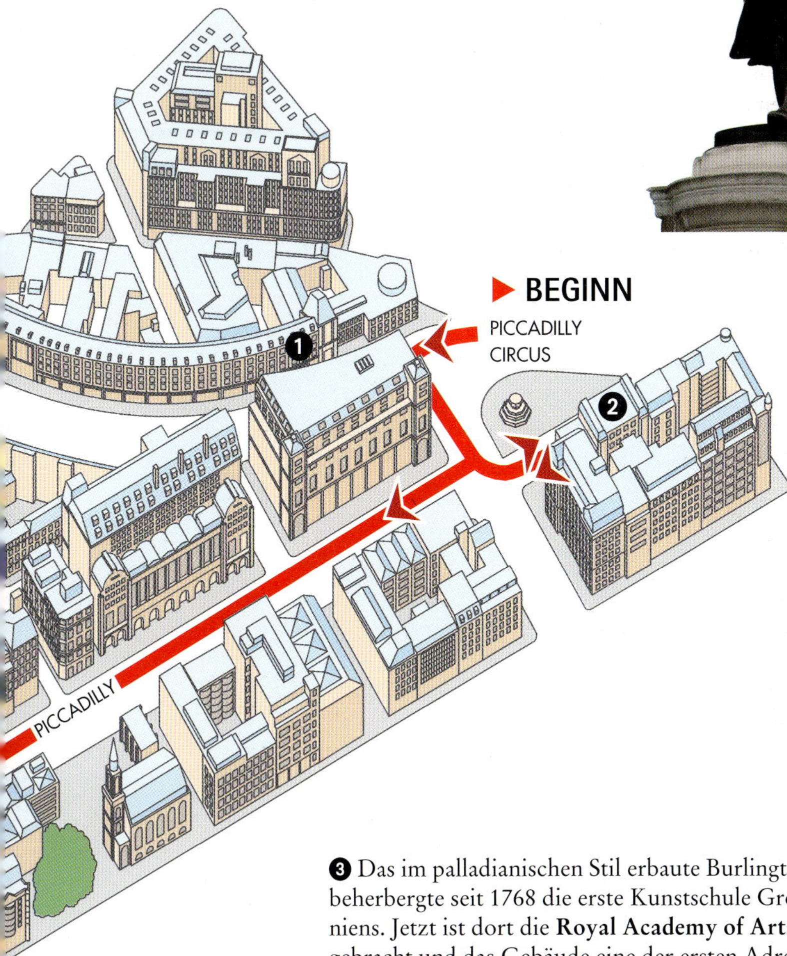

❸ Das im palladianischen Stil erbaute Burlington House beherbergte seit 1768 die erste Kunstschule Großbritanniens. Jetzt ist dort die **Royal Academy of Arts** untergebracht und das Gebäude eine der ersten Adressen Londons für Ausstellungen. Die wichtigste ist die alljährliche Summer Exhibition, wo sowohl etablierte Berühmtheiten als auch aufstrebende Newcomer vertreten sind. Die meisten anderen Sammlungen des Hauses zeigen eher das Werk bereits verstorbener als noch lebender Künstler, obwohl die Academy 1997 die Ausstellung »Sensation« mit Werken zeitgenössischer britischer Künstler organisierte.

Tiffany & Co, weltberühmte Juweliere in der Bond Street.

Filigrane Kunstwerke im Schaufenster eines Juweliers in der Bond Street.

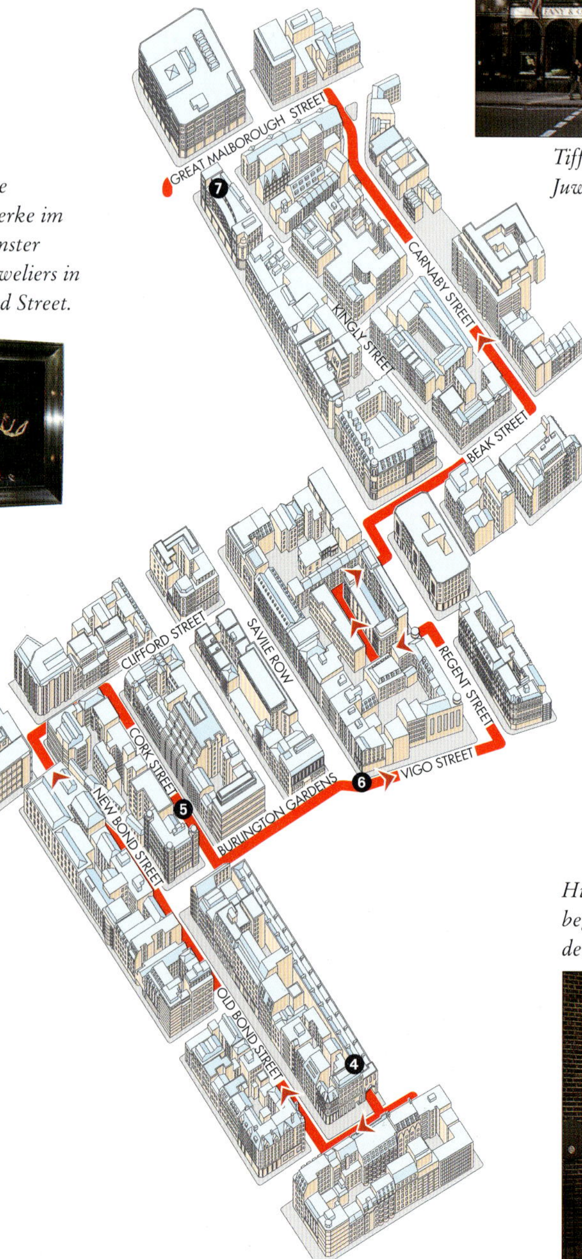

Hier in der Vigo Street begann die Erfolgsstory der Penguin Books.

❹ Zu Beginn des 19. Jahrhunderts gab Lord George Cavendish Samuel Ware den Auftrag, gleich neben seiner Residenz **Burlington House** eine vornehme überdachte Einkaufspassage, die Burlington Arcade zu bauen. Seine Gegner spöttelten, Cavendish ließe die Arcade, nur deshalb errichten, damit ihm niemand mehr seinen Abfall in den Garten werfen könne. Heute haben sich dort exklusive Geschäfte niedergelassen, die Luxusartikel vom Cashmere-Pullover bis zum irischen Leinenhemd verkaufen. Ein Relikt aus den Tagen von Lord Cavendish sind noch die uniformierten Wachmänner, die dafür sorgen, dass die besonderen Regeln der Arcade – verboten sind schnelles Laufen, Fahrrad fahren, Singen und das Tragen offener Schirme – auch eingehalten werden.

Ein Ausschnitt von der Burlington Arcade.

❺ Zu den zahlreichen kommerziellen Galerien des Viertels gehören das **Agnew's** (43 Bond Street) von 1817, einer der alteingesessenen Kunsthändler der Stadt, der »Gemälde, Zeichnungen und Drucke aller Kunstrichtungen« feilbietet, sowie die Galerien der **Cork Street,** die sich ihren Namen in den 1960er Jahren machten.

❻ Unser Rundweg führt Sie am unteren Ende der **Savile Row** vorbei, dem einzigen Ort, wo ein Gentleman einen anständigen, nach den Regeln der Konvention maßgeschneiderten Anzug anfertigen lassen kann. Bei **Ozwald Boateng** (9 Vigo Street), einem Schneider für Anzüge mit dem gewissen Extra, lebt noch der Geist des Dandytums. Gehen Sie auf einen Sprung um die Ecke in die Heddon Street und genießen Sie marokkanisches Essen und Flair bei **Momo** (Nr. 27; Tel. 020 7434 4040). Nebenan findet man Momos kleine Schwester, einen Basar mit Teestube namens **Mô** (Nr. 23; Tel. 020 7734 3999), und daneben die **Zine Bar** (Nr. 21; Tel. 020 7434 4040) mit einer kleinen, preislich vernünftigen Speise- und Weinkarte.

Das Kaufhaus Liberty – ein angenehmer Ort zum Einkaufen.

❼ Überqueren Sie die Regent Street und begeben Sie sich in die **Carnaby Street,** die Topadresse für modische Kleidung in den 1960er Jahren, die jetzt ein Anziehungspunkt für einkaufswillige Touristen ist.

Am oberen Ende finden Sie das **Liberty,** das als Kaufhaus für Importware aus dem Orient begann und für seine schön bedruckten Textilien berühmt wurde. Es wirkt wie ein Gebäude aus der Tudorzeit, wurde aber – wie auch sein Nachbar **Dickins and Jones** – zwischen den beiden Weltkriegen erbaut, als die meisten von Nashs Originalbauten abgerissen und durch große, meist charakterlose Warenhäuser ersetzt wurden. Eines der wenigen rund um die Uhr geöffneten Cafés Londons, **Harry's Bar,** befindet sich um die Ecke in der Kingley Street (Nr. 19; Tel. 020 7494 3995).

Der Brunnen in den Hanover Square Gardens.

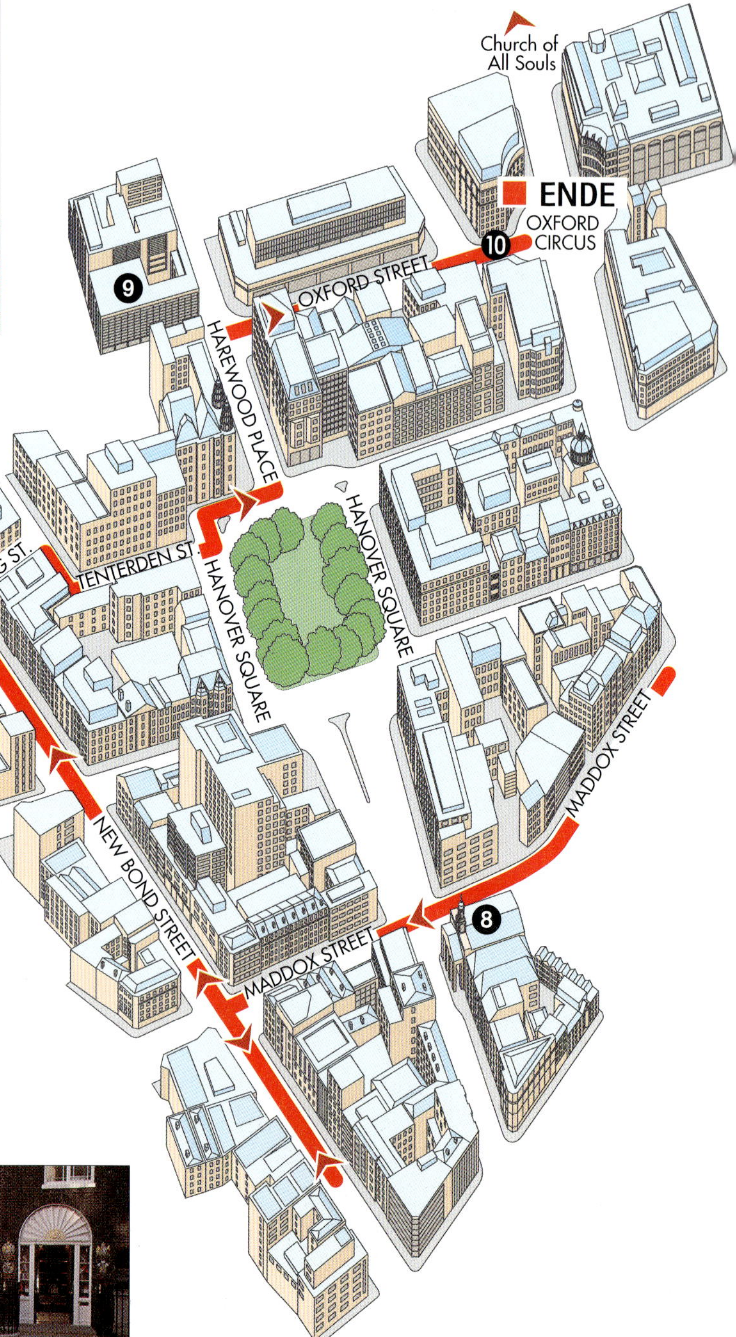

❽ Überqueren Sie erneut die Regent Street und wandern Sie die Maddox Street entlang, bis Sie zur Kirche **St George** am **Hanover Square** gelangen. Sie war die erste Kirche Londons mit einer Säulenfront und ist bei Paaren aus der Gesellschaft ein beliebter Trauungsort. 1886 ging Theodore Roosevelt zu Fuß vom Brown's Hotel (s. S. 51) zu seiner kirchlichen Hochzeit in St George, und auch Marconi heiratete seine Beatrice O'Brian hier. Schlendern Sie in gleicher Richtung weiter zur New Bond Street. Etwas abseits, im Haus Nr. 34, finden Sie das Auktionshaus **Sotheby's,** wo ein Schaufensterbummel fast Pflicht und ein Frühstück, Lunch oder Tee im Café sehr zu empfehlen ist (Reservierung im Café zur Lunchzeit notwendig; Tel. 020 7293 5077).

❾ Drehen Sie nun um und gehen Sie über die Dering Street mit dem Restaurant **Rasa** (Tel. 020 7629 1346), wo man der vegetarischen Küche der südindischen Provinz Kerala huldigt, zurück zum Hanover Square. Diesen verlassen Sie gen Norden in Richtung Oxford Street; zuvor aber sollten Sie auf der Höhe des Kaufhauses John Lewis direkt vor Ihnen eine Plastik von **Barbara Hepworth** (1903–1975) betrachten, einer der ersten abstrakten Bildhauerinnen in Großbritannien.

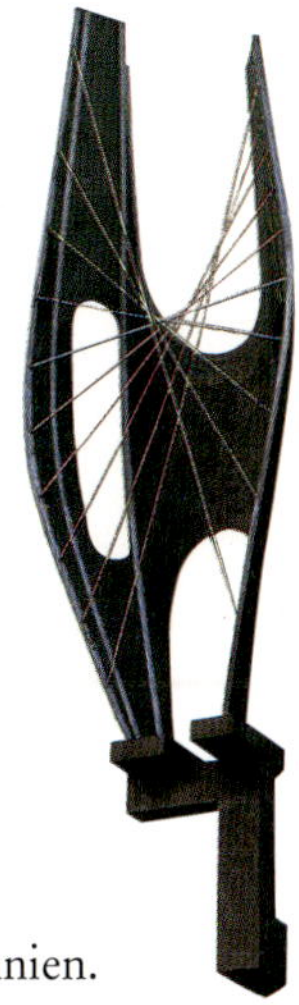

Neben dem Kaufhaus John Lewis in der Oxford Street steht diese Skulptur von Barbara Hepworth.

St George's Church am Hanover Square.

❿ Die **Oxford Street** ist Englands belebteste Hauptstraße, und zwar bereits seit Beginn des 18. Jahrhunderts, als die Ladenbesitzer auf die Idee verfielen, unbegrenzten Kredit zu gewähren. Die Straße ist immer überfüllt mit Kaufhungrigen. Als der Erbprinz von Monaco in den 1850er Jahren die Stadt besuchte, war er so überrascht von der Lichterflut in der Oxford Street, dass er sie für eine spezielle Begrüßungszeremonie zu seinen Ehren hielt. Vom Oxford Circus aus sieht man die Kirchturmspitze von John Nashs **All Soul's** am Langham Place. Vor deren Eingang blickt eine Büste des Architekten auf die Regent Street und macht sich wohl ihre Gedanken, was von dem ehrgeizigen Bebauungsprojekt übrig geblieben ist.

Soho

Dieser Rundweg führt vom Piccadilly Circus mitten hinein nach Soho, durch Straßen voller Restaurants, Bars und Cafés, die schon seit langer Zeit der Schlupfwinkel von Flüchtlingen, Künstlern und Lebenskünstlern waren und immer noch sind. Die Atmosphäre des Viertels ist energiegeladen, aber auch von Müßiggang geprägt. In der Vergangenheit war Soho eine Oase für Vertriebene und Außenseiter; heute tummeln sich hier die Leute aus der Medienbranche und nicht zuletzt aus der Schwulen- und Lesbenszene. Der Spaziergang führt Sie weiter durch Londons Chinatown und endet schließlich am Leicester Square.

ENDE
Leicester Square.
Nächster U-Bahnhof:
Leicester Square.

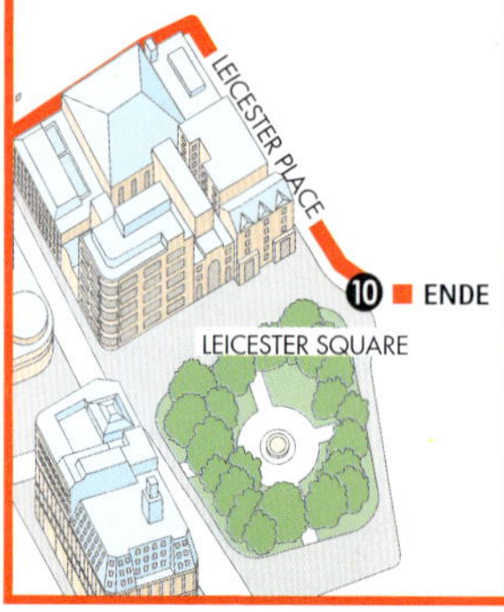

BEGINN
Piccadilly Circus.
Nächster U-Bahnhof:
Piccadilly Circus.
Nehmen Sie den Ausgang zur Shaftesbury Avenue. Gehen Sie ein paar Minuten vom Piccadilly Circus weg, und biegen Sie in die zweite Straße links ein.

Frisches chinesisches Gemüse erhält man in der Gerrard Street.

❶ Die erste Etappe der Route liegt in der **Great Windmill Street,** einer schäbig wirkenden Straße, die zum ehemaligen Windmill Theatre führt. Wo heute ein Nachtklub Besucher mit Tabledance lockt, wurden früher von Schauspielern lebende Bilder gezeigt. Das war in den 1930er Jahren, als das Windmill die einzige Londoner Bühne war, wo Nacktheit erlaubt war – jedenfalls solange sich die Akteure nicht bewegten und zu spielen begannen.

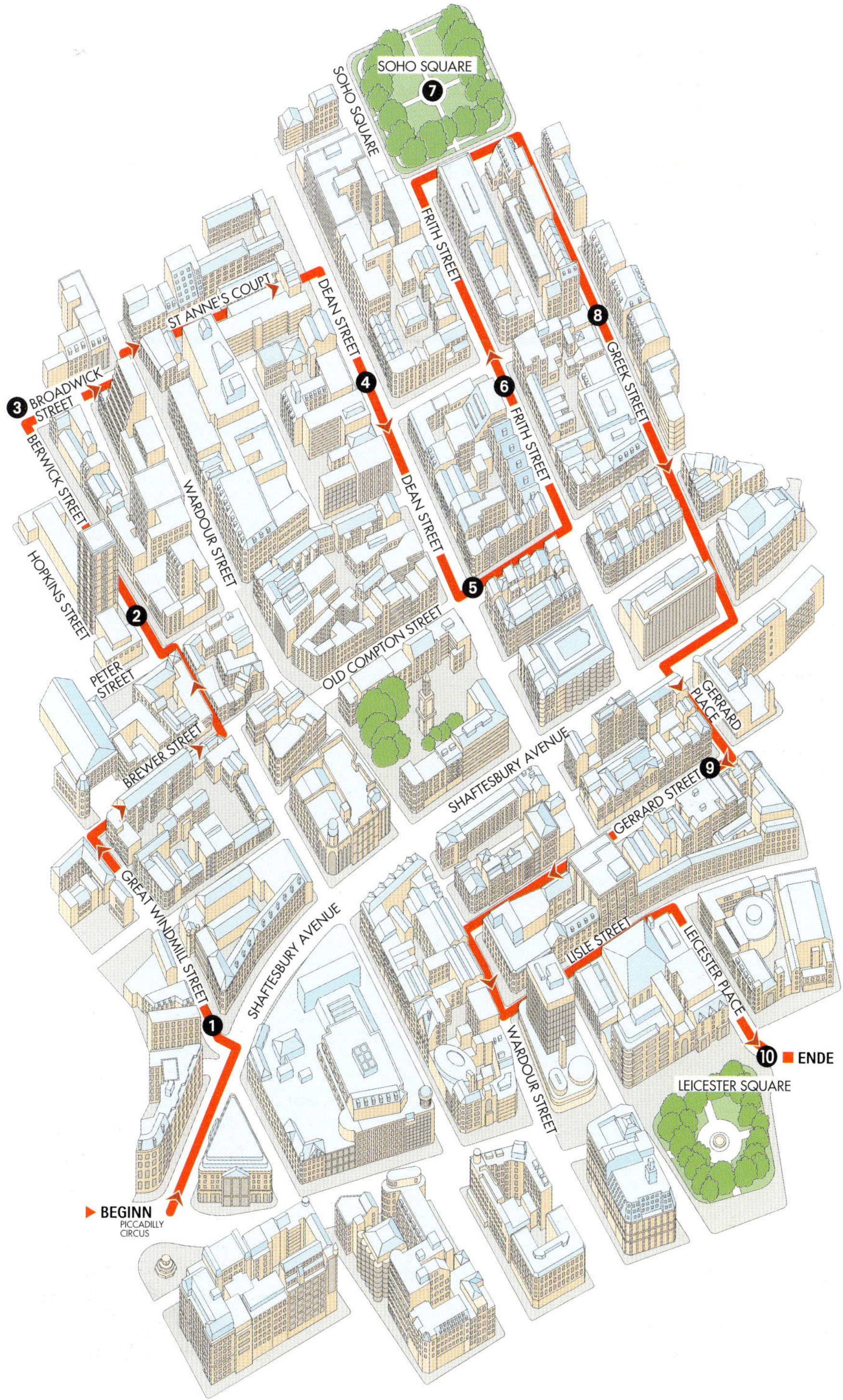
SOHO SQUARE
7
SOHO SQUARE
FRITH STREET
ST ANNE'S COURT
DEAN STREET
8
GREEK STREET
3
BROADWICK STREET
4
6
FRITH STREET
BERWICK STREET
DEAN STREET
WARDOUR STREET
HOPKINS STREET
5
2
OLD COMPTON STREET
PETER STREET
GERRARD PLACE
BREWER STREET
SHAFTESBURY AVENUE
9
GERRARD STREET
GREAT WINDMILL STREET
SHAFTESBURY AVENUE
LISLE STREET
LEICESTER PLACE
1
WARDOUR STREET
10
ENDE
LEICESTER SQUARE
BEGINN
PICCADILLY CIRCUS

❷ Neben den **Lina Stores,** einer Goldgrube für italienische Delikatessen, führt eine Gasse zum **Berwick Street market** (täglich außer So). Hier konkurrieren Karren mit billigem Obst und Gemüse mit Marktständen, die Oliven, Kräuter und selbst gebackenes Brot verkaufen. Die Ursprünge des Marktes liegen im 18. Jahrhundert, als die Ladenbesitzer mehr und mehr dazu übergingen, ihre Waren auf dem Bürgersteig vor den Geschäften auszulegen; er wurde jedoch erst 1892 offiziell anerkannt. Heute findet man hinter den Verkaufsbuden Läden mit Saris und Seidenstoffen sowie zahlreiche Plattenläden.

Der Markt in der Berwick Street.

❸ In der **Broadwick Street** am Ende der Berwick Street nahm 1854 eine Choleraepidemie ihren Ausgang. Ein einheimischer Arzt, John Snow, vermutete ihre Ursache in verseuchtem Wasser und ließ die Wasserpumpe dieser Straße versiegeln. Nur diejenigen unter den Anwohnern überlebten die Seuche, die das Wasser mieden und ausschließlich Bier tranken. Heute erinnert ein Denkmal mit einer schwengellosen Pumpe sowie der Name eines nahe gelegenen Pubs daran.

Das Mezzo, fast schon ein gastronomischer Großbetrieb in Soho.

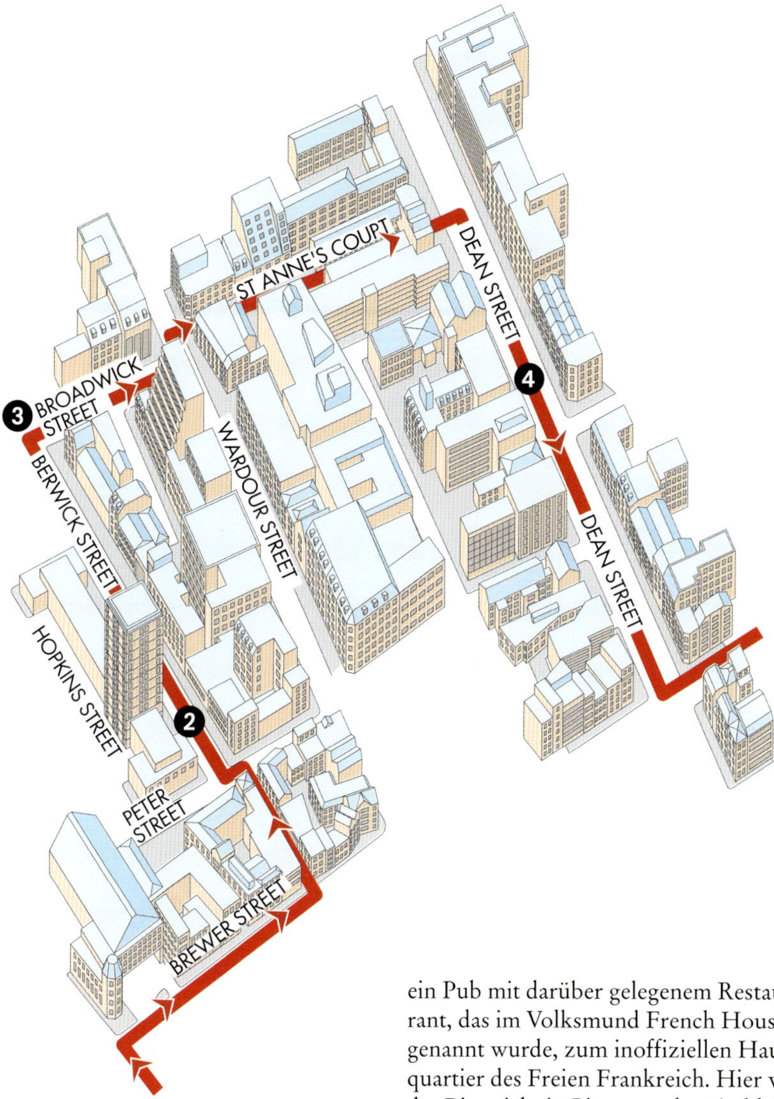

❹ Überqueren Sie die Wardour Street, wo man Filmverleihfirmen und das riesige Restaurant Mezzo der Conran-Kette findet, und nehmen Sie die Querverbindung namens St Anne's Court zur **Dean Street.** Hier fanden Hugenotten (französische Protestanten, die unter Ludwig XIV. aus dem Land flüchten mussten) eine Bleibe; im 2. Weltkrieg wurde das Haus Nr. 49, ein Pub mit darüber gelegenem Restaurant, das im Volksmund French House genannt wurde, zum inoffiziellen Hauptquartier des Freien Frankreich. Hier wird das Bier nicht in Pints, sondern in kleinen Gläsern ausgeschenkt. In den 1950er Jahren trafen sich hier die Künstler und Schriftsteller – ebenso wie im Colony Club, der sich früher im Haus Nr. 41 befand und wo unter anderen der Maler Francis Bacon zu den Stammkunden zählte. Die etablierte Künstlerszene Londons trifft sich heute eher im Groucho Club im Haus Nr. 44 oder gegenüber im Blacks.

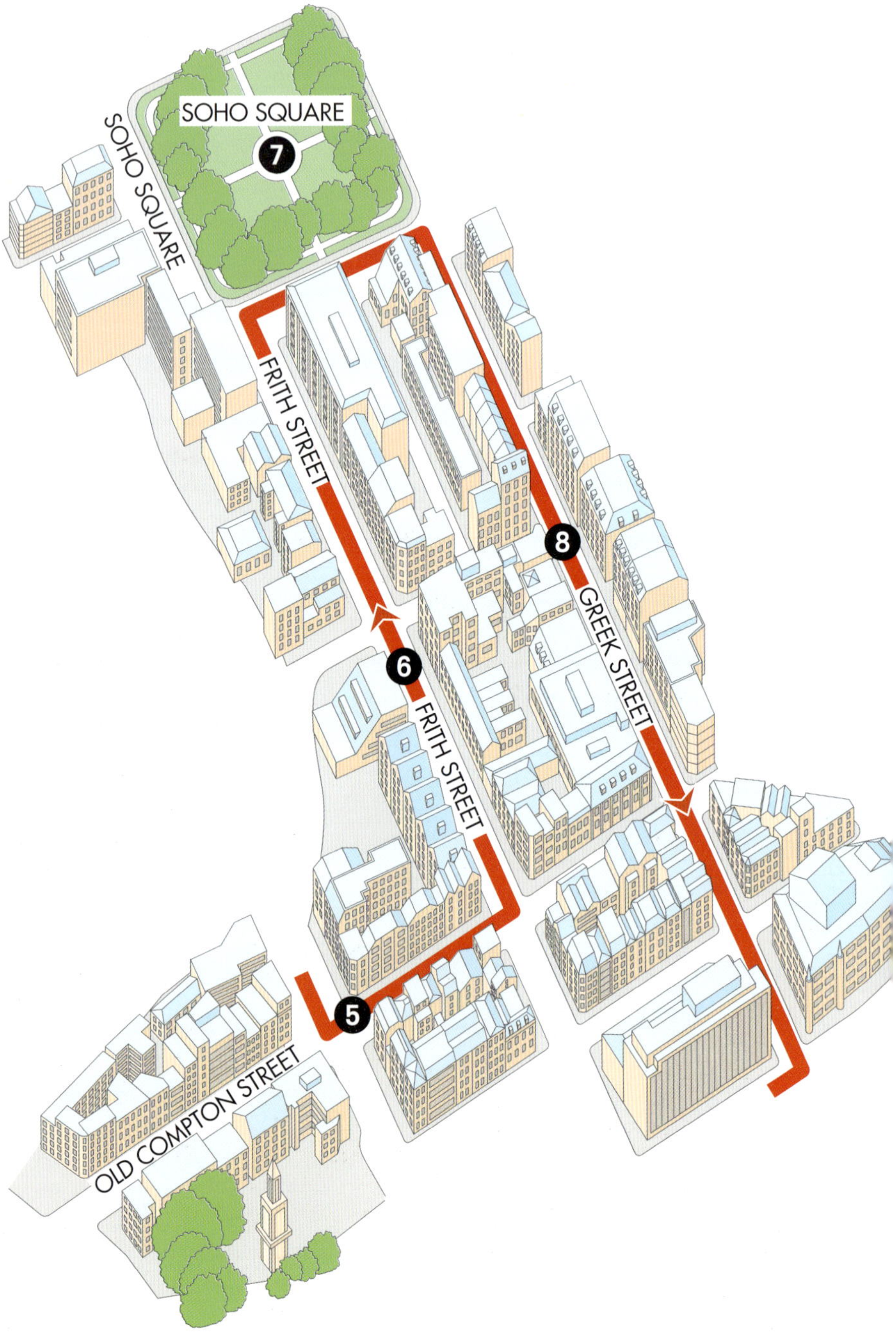
SOHO SQUARE
7
SOHO SQUARE
FRITH STREET
8
GREEK STREET
6
FRITH STREET
5
OLD COMPTON STREET

In diesem Pub konnte man Jeffrey Barnard eher finden als in seiner Zeitungsredaktion.

❺ Die **Old Compton Street** kreuzt die Dean Street und ist mit ihren Lokalen wie dem Comptons, Old Compton Café und Balans das Zentrum von Londons extrovertierter Schwulenszene. Außerdem ist die Straße berühmt für ihre Wein- und Spirituosenläden: Gerry's befindet sich in Haus Nr. 74. Das italienische Delikatessengeschäft Camisa in Haus Nr. 61 ist winzig, aber voller Spezialitäten. Die altmodische Patisserie Valerie in Haus Nr. 44 ist der ideale Ort, um die englisch-französische Kombination von Tee mit Croissants zu probieren.

Soho Square.

❻ Biegen Sie in die **Frith Street** und legen Sie eine Pause in der **Bar Italia** in Haus Nr. 22 ein. Hier zeigte 1926 J. Logie Baird die ersten bewegten Bilder mit einem Vorläufer des Fernsehgeräts. Gegenüber in Haus Nr. 47 liegt **Ronnie Scott's,** der Treffpunkt der Jazzszene von Soho in den 1950er Jahren. Noch heute treten hier einige der Jazzgrößen auf; die Drinks sind allerdings nicht billig.

❼ Der **Soho Square** am Ende der Frith Street befindet sich an sommerlichen Werktagen im Belagerungszustand, da es weit und breit kein anderes Fleckchen Grün gibt. An der Ecke liegt das **House of St Barnabas** von 1746, das einzige Relikt aus Sohos aristokratischer Vergangenheit, mit einem wunderschönen Rokokointerieur (Öffnungszeiten: Mi und Do). Es beherbergt jetzt ein Wohnheim für obdachlose Frauen.

❽ Gehen Sie an der Südseite des Platzes entlang und biegen Sie nach rechts in die **Greek Street,** die ihren Namen von den griechisch-orthodoxen Einwanderern hat, die im 17. Jahrhundert aus dem Osmanischen Reich flüchteten. In dieser Straße wohnten Casanova und Thomas de Quincey; im Haus Nr. 29 liegt der Pub **Coach and Horses,** das Stammlokal des Londoner Originals Jeffrey Barnard. Wenn er zu betrunken war, um seine Zeitungskolumne zu schreiben, druckte das Blatt am folgenden Tag immer den gleichen Satz: »Jeffrey Barnard is unwell«.

Greek Street.

Leicester Square.

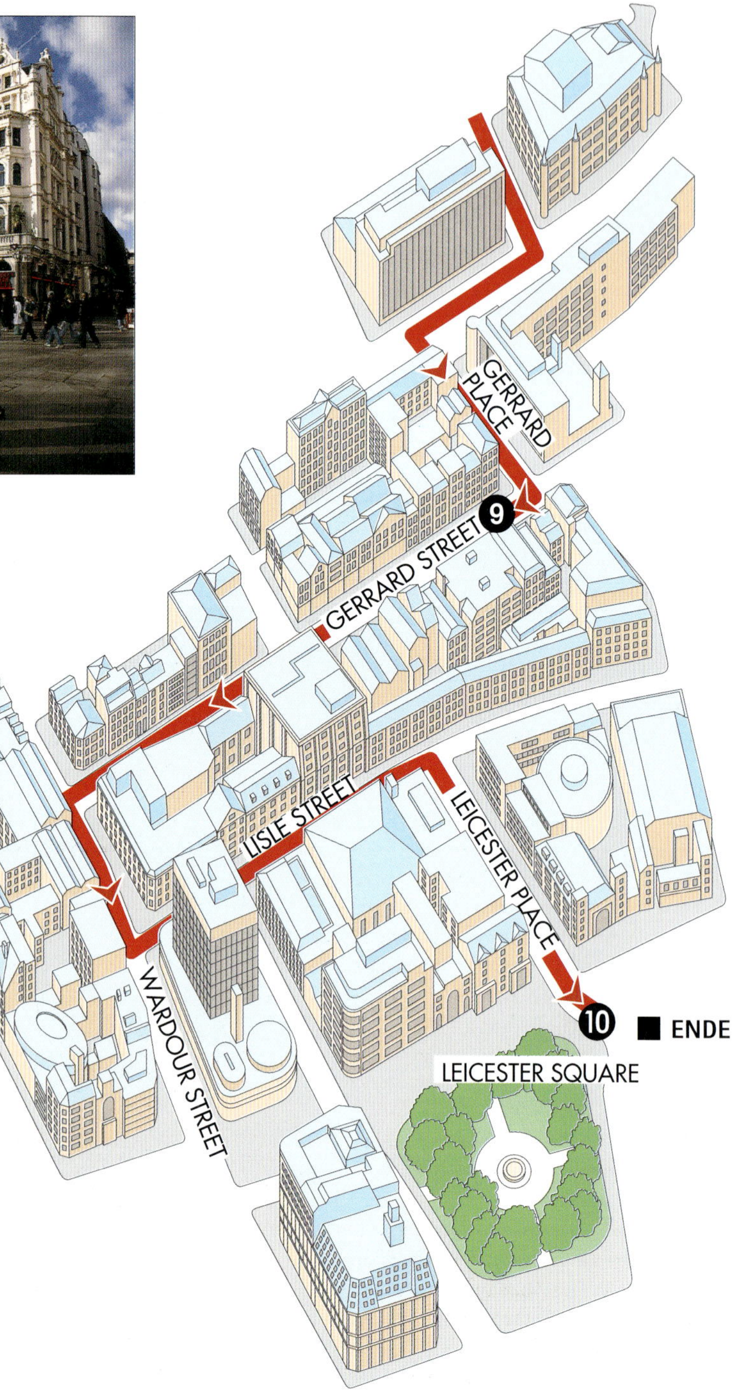

Drachen in der Gerrard Street.

❾ Gehen Sie bis zum Ende der Greek Street und weiter im Zickzack über die Shaftesbury Avenue und Gerrard Place in die **Gerrard Street.** Hier befinden Sie sich inmitten von Londons Chinatown, dem Zentrum der chinesischen Gemeinde, die seit den 1950er Jahren in dieses Viertel einwanderte. Ende Januar oder Anfang Februar wird in den Straßen mit Krachern und Feuerwerk sowie tanzenden Drachen das chinesische Neujahr gefeiert. Biegen Sie nach links in die Lisle Street zu den chinesischen Kräuterheilkundigen oder einem einfachen chinesischen Café.

❿ Von der Lisle Street bringt Sie ein Schwenk nach rechts zum Leicester Square. Zuerst passieren Sie noch die Kirche **Notre Dame de France** von 1960 mit Wandmalereien von Jean Cocteau, anschließend Londons billigstes Programmkino, das **Prince Charles,** und schließlich stehen Sie vor dem Verkehrschaos des **Leicester Square.** Am Abend ist der Platz am Brodeln, weil vor allem junge Leute zu den hiesigen Klubs strömen. Eine lange Warteschlange gehört zu Londons neuestem Klub, dem **Home,** der sich über sieben Etagen erstreckt. Einen verblüffenden Kontrast bildet der Platz vor 7 Uhr morgens, wenn die Straßen frisch gereinigt und erst wenige Menschen unterwegs zur Arbeit sind.

Zum Straßenbild des Leicester Square und des Piccadilly Circus gehören auch die Straßenkünstler.

In der Gartenanlage des Leicester Square.

Covent Garden

BEGINN

Garrick Street. Nächster U-Bahnhof: Leicester Square. Nehmen Sie den Ausgang zur Cranbourn Street, gehen Sie diese hinunter und überqueren Sie die St Martin's Lane.

In den längst vergangenen Tagen von Boswell und Dr. Johnson war Covent Garden berühmt für seine Kaffeehäuser, Speiseklubs und Theaterhäuser wie das Lyceum und das Theatre Royal, die von Legenden der Theatergeschichte wie Henry Irving und David Garrick geleitet wurden. Noch weiter zurück reichen die Wurzeln des bekanntesten Londoner Obst- und Gemüsemarktes; schon in der Mitte des 17. Jahrhundert unterhielt der vierte Earl of Bedford ein paar Marktbuden in seinem Hintergarten. Das morgendliche Geplapper der Gemüsehändler in breitestem Cockney-Dialekt fand ein jähes Ende, als der Markt 1974 nach Nine Elms bei Vauxhall umzog und Charles Fowlers Central Market Building von 1831 in eine geschäftige und luxuriöse Einkaufspassage mit Läden, Restaurants, Cafés und Boutiquen umgewandelt wurde. Nach wie vor strömen die Londoner allabendlich in die Straßen des Viertels, auch wenn sie es als touristisch und kommerzialisiert beschimpfen. Covent Garden ist beides, aber es bietet auch die besten Theater- und Opernaufführungen, Restaurants sowie das lebendigste Straßenleben der ganzen Stadt, dazu eine Reihe von Einkaufsstraßen, die von Feng Shui bis zu Mode alles zum Verkauf anbieten.

Der Pub Salisbury.

❶ Während Sie am Anfang unseres Wegs die Garrick Street entlanglaufen, kommen Sie am **Garrick Club** vorbei, der nach dem Schauspieler und Intendanten David Garrick (1717–79) benannt ist. Es ist einer dieser steifen, aber einflussreichen Klubs von London, die ursprünglich die Mitglieder des Establishements in Kontakt mit Schriftstellern, Schauspielern und Künstlern bringen sollten. Im Gegensatz zu den meisten anderen Häusern zeigt sich dieser Klub eher förmlich. An jeder Ecke des Viertels gibt es Bars und Pubs; einer der ältesten und traditionsreichsten ist das **Lamb and Flag** von 1623 in der Rose Street.

ENDE

Seven Dials. Nächster U-Bahnhof: Covent Garden.

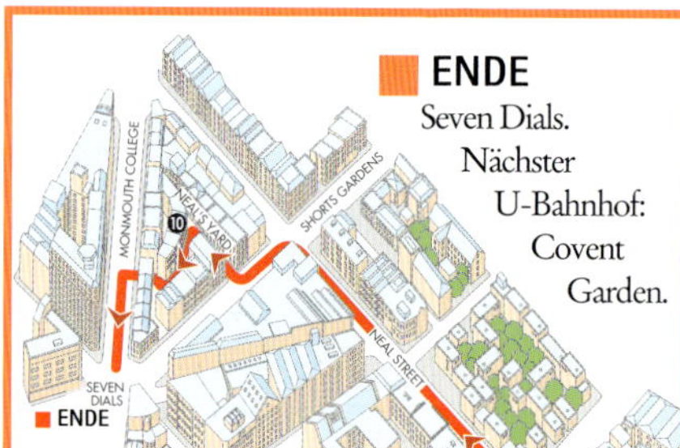

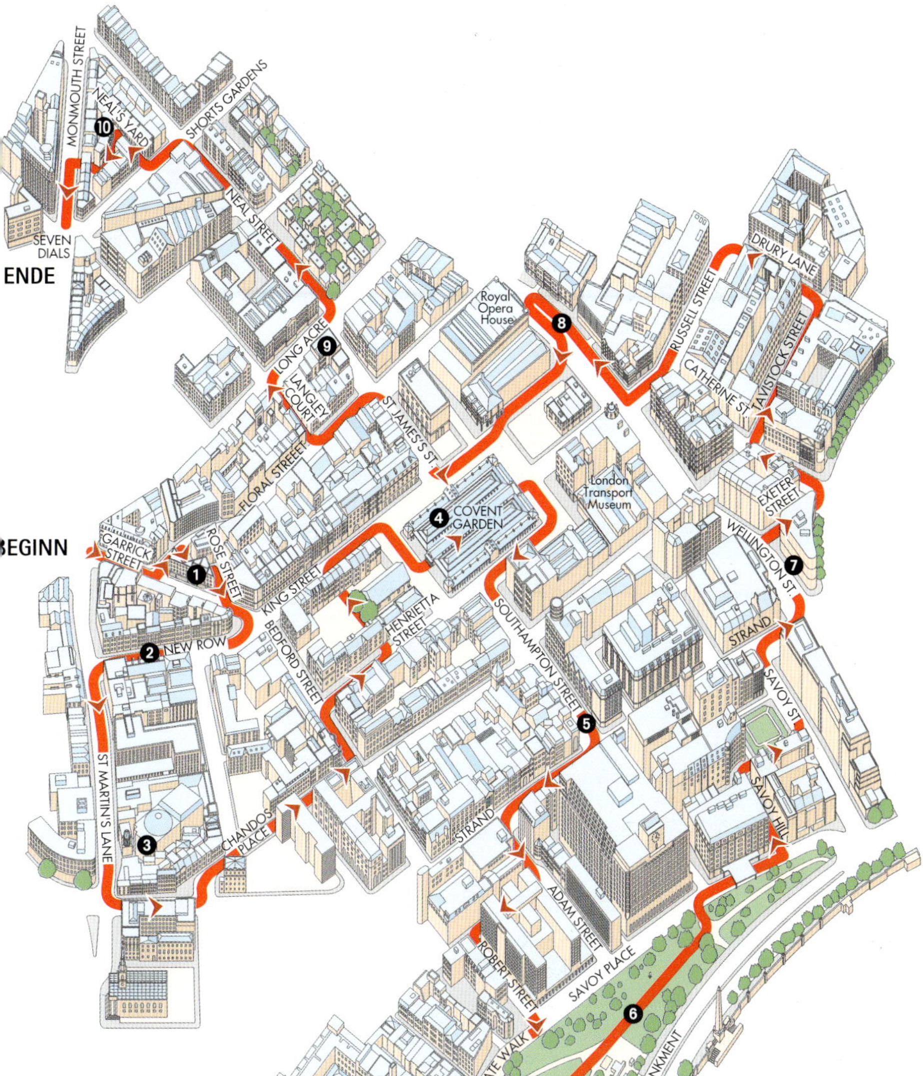

Eine der Sphingen, die Cleopatra's Needle am Embankment bewachen.

❷ Eine scharfe Rechtskurve bringt Sie in die New Row. An deren Ende biegen Sie links in die St Martin's Lane und halten Ausschau nach dem **Goodwin's Court,** einer engen Gasse mit Häusern aus dem 17. Jahrhundert, die noch von Gaslampen beleuchtet werden. Bald danach erreichen Sie das neueste Hotel von Ian Schrager, **St Martin's Lane,** ein umgebautes ehemaliges Kino. Sollten Sie zur Lunchzeit in der Nähe sein, lohnt sich auf jeden Fall eine kleine Pause in seinem Restaurant **Asia de Cuba,** Londons derzeit angesagtestem Ort. Gleich daneben befindet sich die **Light Bar,** ein ironischerweise besonders dunkles und abgeschiedenes Etablissement, wo zu Stoßzeiten nur Hotelgäste eingelassen werden.

Im London Transport Museum.

Die Spitze des Colisseum wird von einer Weltkugel gekrönt.

❸ Vorbei am markanten **Colisseum,** wo die English National Opera untergebracht ist, wandern Sie nach einer Linkskurve über den Chandos Place. Eine weitere Biegung nach links bringt Sie in die Bedford Street, eine nach rechts in die Henrietta Street, von der ein Torweg in den Kirchhof von **St Paul's** von 1633 führt. Man nennt sie die Kirche der Schauspieler, auch weil viele Tafeln und Gedenksteine in ihrem Inneren an Angehörige dieser Zunft erinnern. Sie wurde auf Wunsch des vierten Earl of Bedford, eines frühen Grundstücksspekulanten, von Inigo Jones errichtet. Die wichtigste Direktive des adligen Bauherrn war, dass die Kirche möglichst wenig kosten solle: »Ich denke da an etwas in der Art einer Scheune«, wird der Graf zitiert. Der Architekt wiederum versprach ihm, »die attraktivste Scheune von England« zu bauen und ging ans Werk.

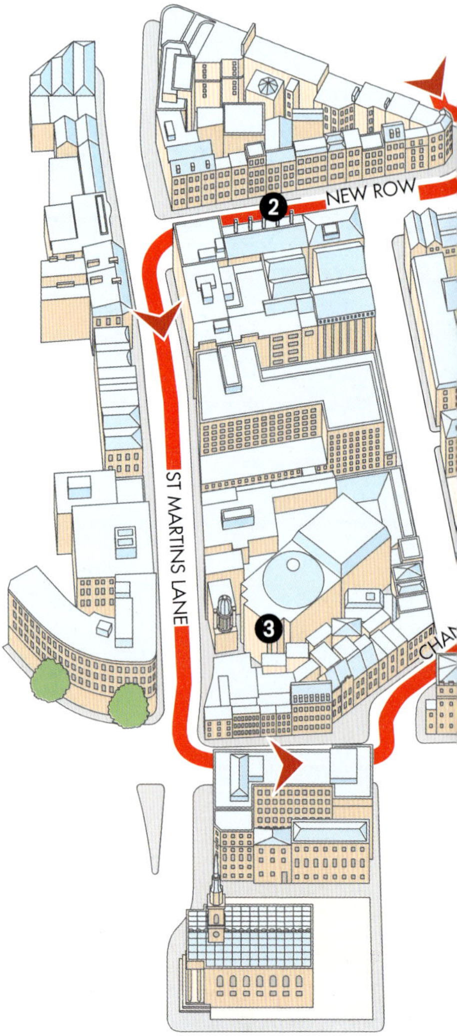

Die erste »Punch and Judy Show« wurde 1662 in Covent Garden aufgeführt.

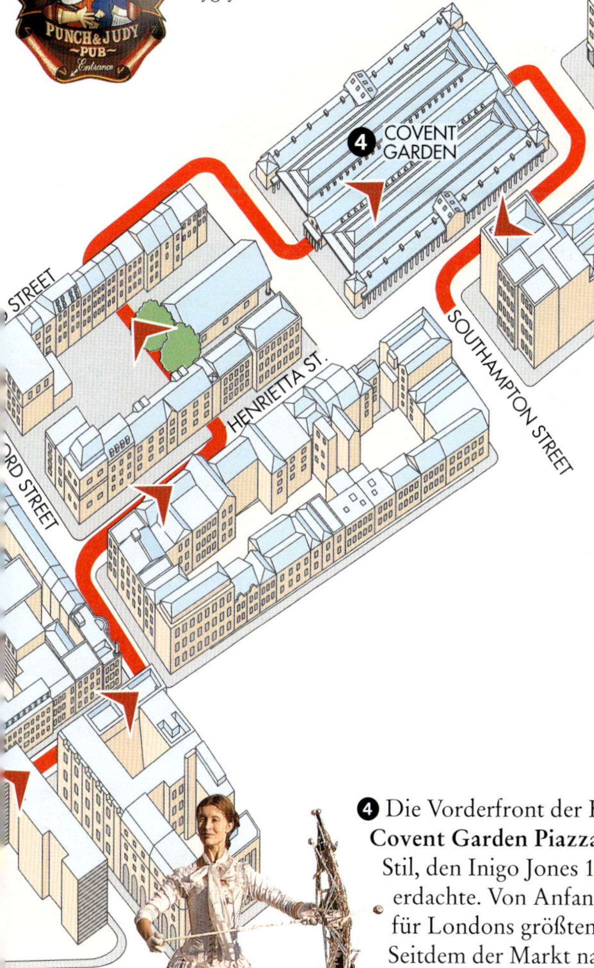
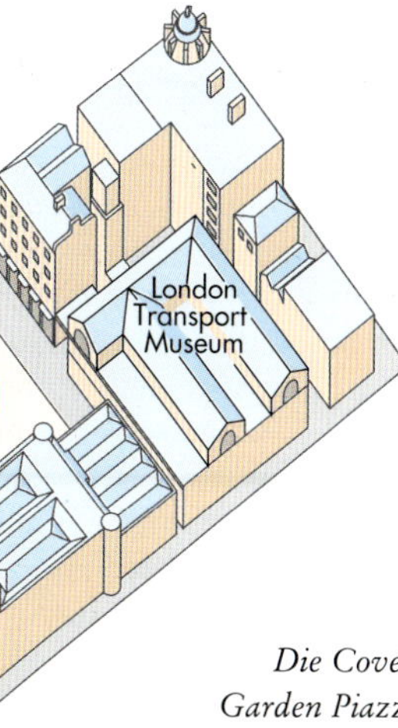

Die Covent Garden Piazza.

Straßentheater gleich neben dem Markt.

❹ Die Vorderfront der Kirche geht hinaus auf die **Covent Garden Piazza,** einen Platz in italienischem Stil, den Inigo Jones 1631 für den Earl of Bedford erdachte. Von Anfang an war dies der Schauplatz für Londons größten Obst- und Gemüsemarkt. Seitdem der Markt nach Nine Elms umgezogen ist, wurden die viktorianischen überdachten Markthallen von einer Fülle von edlen Geschäften und teuren Restaurants besiedelt, allerdings auch von einer großen Anzahl täglich wechselnder Marktbuden. Der ehemalige Blumenmarkt wurde zum **London Transport Museum** umgewandelt. Hier haben Sie die Möglichkeit, sich an einem Simulator als U-Bahn- oder Busfahrer zu versuchen. Das **Theatre Museum** an der Kreuzung von Russell Street und Tavistock Street ist ebenfalls interaktiv konzipiert.

❺ Verlassen Sie die Piazza, und gehen Sie die Southampton Street hinunter zum Strand, wo ein ganzes Straßengeflecht nach den Brüdern Adam benannt ist. In den 1870er Jahren erschufen Robert und James Adam das **Adelphi,** eine phantasievolle »Stadt in der Stadt« am Themseufer. Der mittlere Abschnitt in italienischem Stil wurde 1932 komplett abgerissen, doch einzelne Gebäude hier und dort haben überlebt: Robert Street Nr. 1–3, John Adam Street Nr. 8 und Adam Street Nr. 7. Nach der Robert Street gelangen Sie auf den Watergate Walk und gehen am York Water Gate vorbei, einem Relikt aus den Tagen, als die Privatgebäude am Fluss ihren eigenen Landungssteg hatten.

Das York Water Gate.

❻ Unsere Route führt Sie nun durch die **Victoria Embankment Gardens,** eine willkommene Abwechslung nach all dem Straßenlärm. Auf die Gartenanlage geht auch das 1884–1889 gebaute **Savoy Hotel** hinaus, das von Richard D'Oyly Carte finanziert und von César Ritz geführt wurde; sein erster Küchenmeister war der berühmte Auguste Escoffier. D'Oyly Carte besaß auch das **Savoy Theatre** direkt nebenan, wo die Operetten von W.S. Gilbert und A. Sullivan aufgeführt wurden. Ein Jahrhundert später filmte Bob Dylan seinen berühmten Kurzfilm zum Song »Subterranean Homesick Blues« in einer nahe gelegenen Gasse.

❼ Verlassen Sie das Themseufer, kreuzen Sie wieder den Strand und gehen Sie in Richtung Exeter Street, wo ein Schild Sie darüber aufklärt, dass Sie nun in »Theatreland« sind. 1662 wurde in Covent Garden die erste »Punch and Judy Show« aufgeführt; danach öffneten im Laufe der Jahrhunderte Dutzende von Theatern ihre Pforten, darunter das **Royal Opera House,** das neoklassizistische **Lyceum** und das **Theatre Royal Drury Lane.** Gegenüber dessen Haupteingang in der Catherine Street erinnert der Pub **Nell of Old Drury** an die Geliebte von Karl II., Nell Gwyn, die 1665 in einem Vorläufer des Theatre Royal auf der Bühne stand. Eine Ecke weiter in der Tavistock Street Nr. 36 schrieb Thomas de Quincey 1821 seine berühmten »Bekenntnisse eines englischen Opiumessers«, und in der Drury Lane Nr. 68 werden bei **Brodie and Middleton,** einem altehrwürdigen Laden, Theaterbedarf, Clownschminke, falsche Nasen und Bärte an den Kunden gebracht.

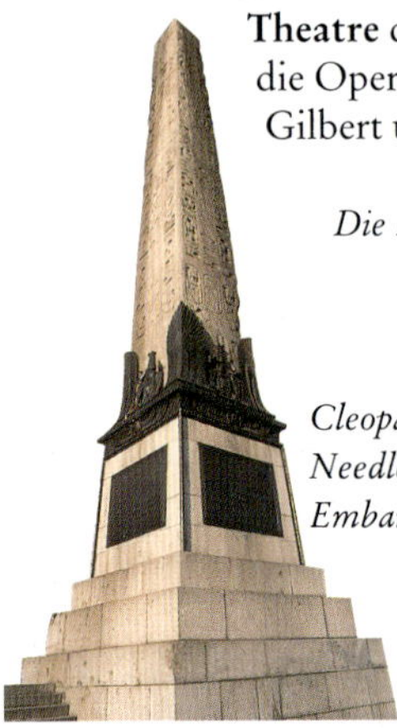
Cleopatra's Needle am Embankment.

Die Embankment Gardens.

Der Pub Nell of Old Drury.

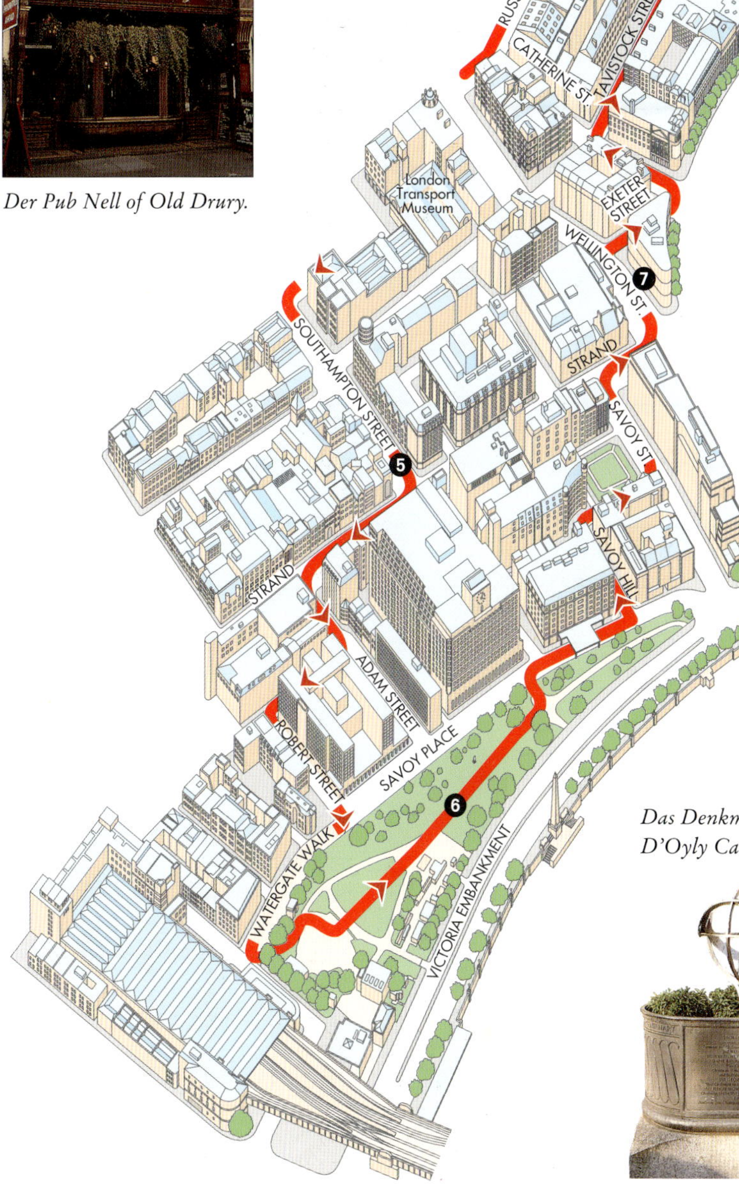

Das Denkmal für Richard D'Oyly Carte.

❽ Biegen Sie nach rechts in die **Bow Street,** wo Englands erste Polizeitruppe, die Bow Street Runners, zu Hause war. Sie wurde 1753 vom Juristen und Schriftsteller Henry Fielding ins Leben gerufen, um der hohen Kriminalitätsrate im georgianischen London Herr zu werden. Fielding und sein Halbbruder John waren Vorsitzende des Bezirksgerichts in der Bow Street, gegenüber dem Opera House. Wenn Sie wollen, werfen Sie nun einen Blick ins gegenüberliegende **Royal Opera House,** das gerade für 214 Millionen Pfund aufpoliert worden ist, und bewundern Sie die großartige Stahl- und Glaskonstruktion der Vilar Floral Hall (Öffnungszeiten: Mo–Sa 10–15 Uhr; sonst nur für Besucher von Konzerten).

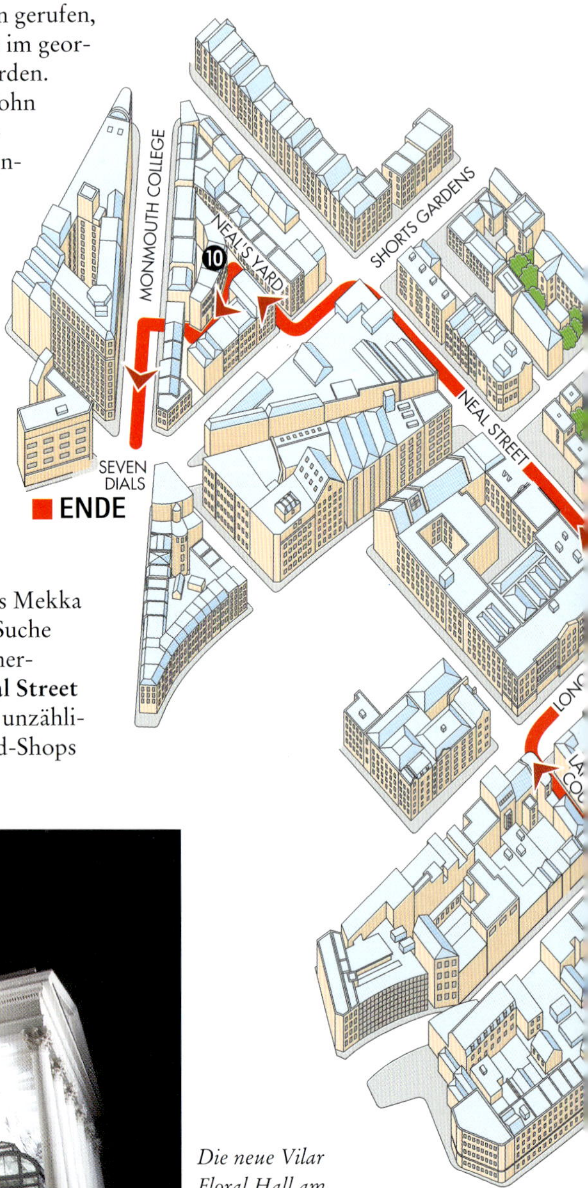

❾ Nördlich der Piazza liegt das Mekka der Modebegeisterten; auf der Suche nach Street Fashion und Designermarken wird man auf der **Floral Street** oder in **Long Acre** in einer der unzähligen Boutiquen und Secondhand-Shops bestimmt fündig werden.

Die neue Vilar Floral Hall am Royal Opera House.

Das Bezirksgericht in der Bow Street.

⑩ Wandern Sie die Neal Street hinauf bis jenseits der Kreuzung Earlham Street, wo das innovative freie Theater **The Donmar Warehouse** residiert. An der Kreuzung mit Short Gardens (beachten Sie zur Rechten den Laden **Kite Store**) folgen Sie den Schildern zunächst nach links in Richtung **Neal's Yard,** wo um einen kleinen Hof veganische und vegetarische Cafés liegen. Jede der engen Passagen, die vom Hof wegführen,

Seven Dials.

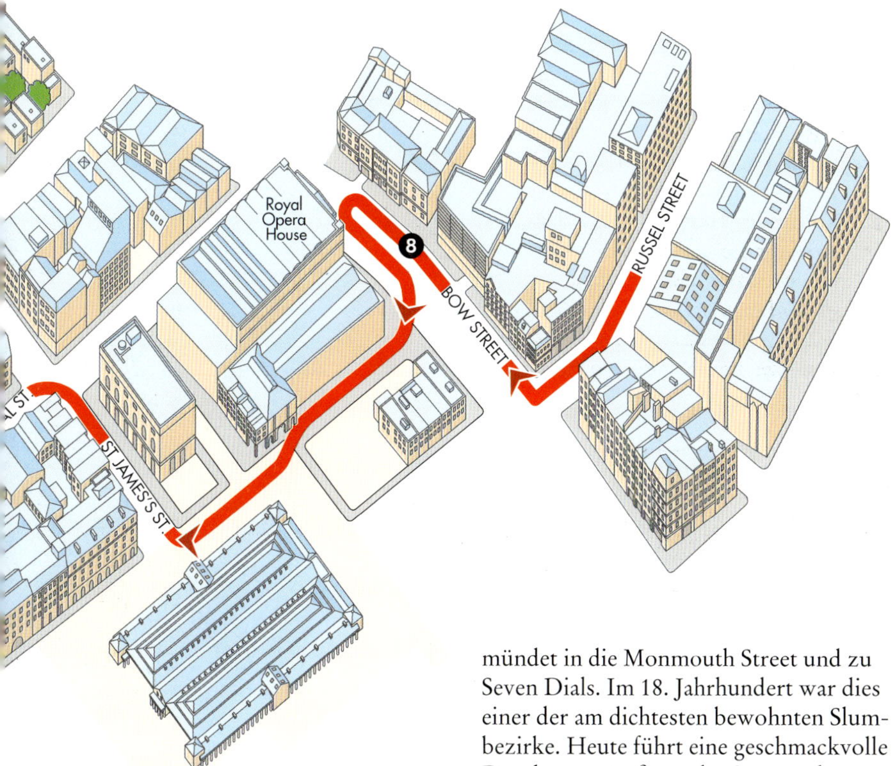

mündet in die Monmouth Street und zu Seven Dials. Im 18. Jahrhundert war dies einer der am dichtesten bewohnten Slumbezirke. Heute führt eine geschmackvolle Durchgangsstraße an der Sonnenuhr vorbei, einem Nachbau des Originals, das 1773 wegen der viele Diebe, die dort lauerten, abgebaut wurde.

Aldwych

Durch die geschmackvolle Sanierung des Somerset House zu einem Haus für die Künste hat Aldwych einen ganz neuen Charakter bekommen. Jetzt ist das Viertel auch für Freizeitaktivitäten attraktiv: in einem riesigen, neoklassizistischen Hof mit einem großen Springbrunnen in der Mitte werden Freiluftkonzerte gegeben und die aufgestylte Terrassenfront am Fluß mit ihren neuen Cafés, einem Restaurant und Delikatessenladen ist nun für jedermann zugänglich. Doch davon abgesehen ist der Schwerpunkt des Rundwegs ein anderer: er führt durch die versteckten Gärten und labyrinthartigen Passagen der Inns of Court, einem Viertel, das schon seit dem Mittelalter die Hochburg der Juristen des Landes ist. Am besten besucht man es an einem Werktag, wenn der Middle und der Inner Temple geöffnet sind (die Eingänge werden am Wochenende und nach 21 Uhr verschlossen), die Gerichte tagen und die Bürgersteige, Buchhandlungen und Restaurants voller Menschen sind.

▶ BEGINN

Die Kreuzung von Strand und Aldwych. Nächster U-Bahnhof: Embankment. Vom U-Bahnhof gehen Sie nach Norden die Villiers Street hinauf und nach rechts in den Strand bis zum Somerset House.

■ ENDE

Zurück zum Ausgangspunkt. Nächster U-Bahnhof: Embankment.

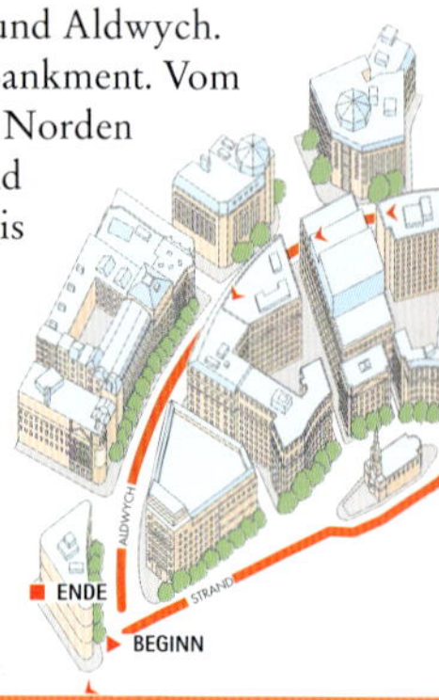

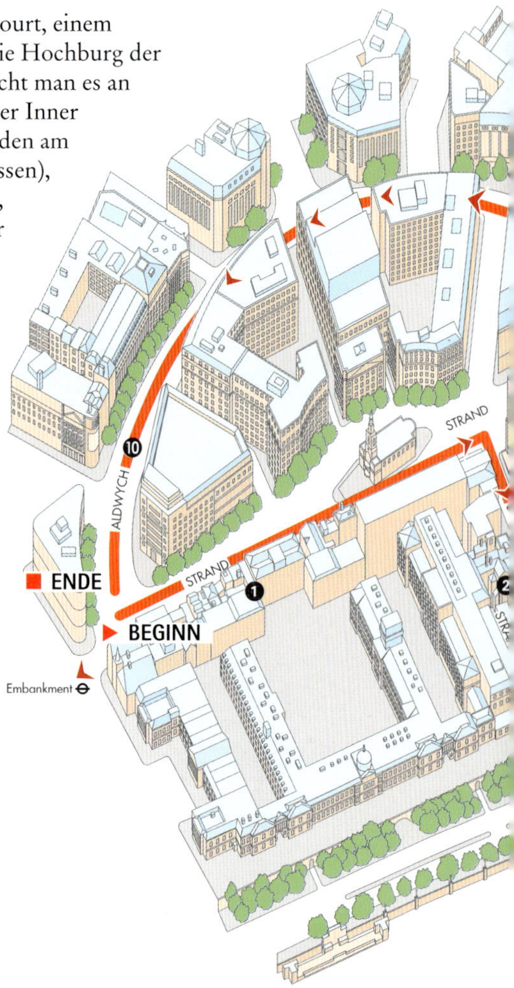

Middle Temple.

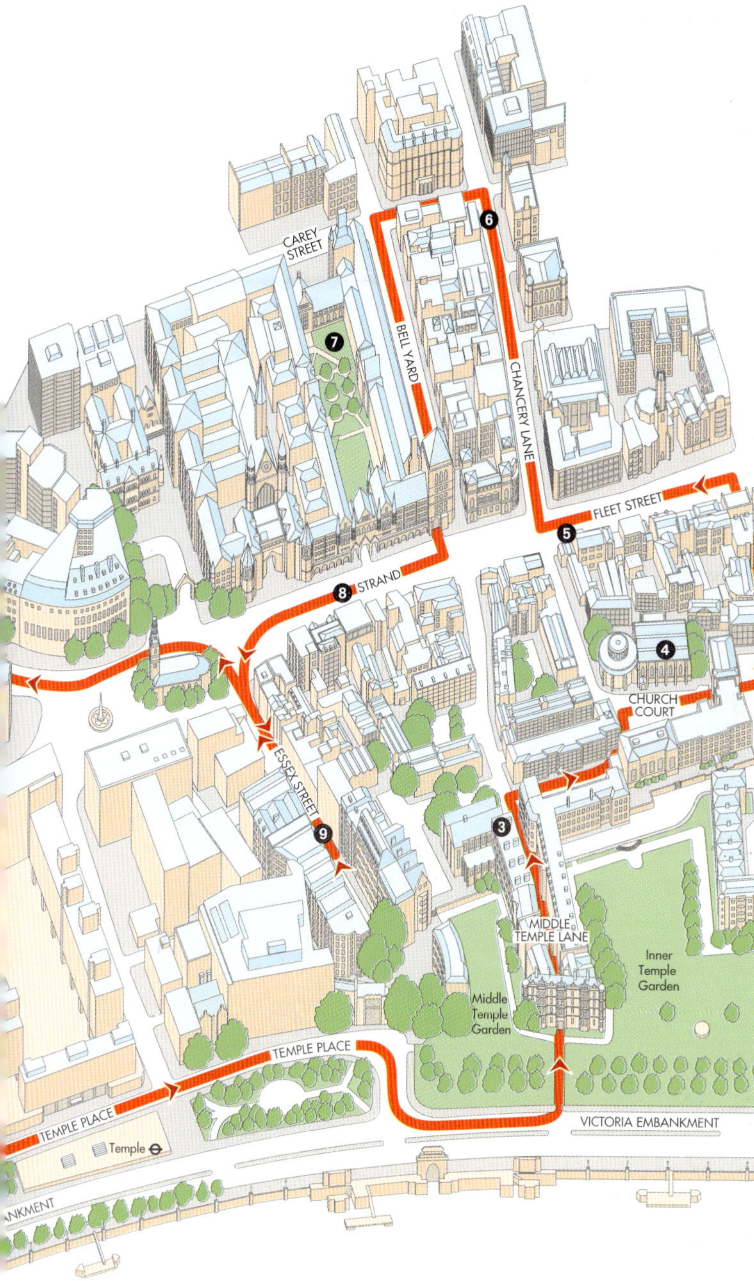

Ein Detail vom Gebäude der Law Society in der Chancery Lane.

❶ Englands beste Sammlung französischer Impressionisten und Post-Impressionisten befindet sich in den nach dem Textilfabrikanten Samuel Courtauld (1865–1947) benannten **Courtauld Institute Galleries** im Somerset House am Strand. Zu den Glanzstücken gehören Werke von Cézanne, Gauguin, Manet, Monet, Renoir und Van Gogh. Hier sind noch weitere zehn Privatsammlungen untergebracht, darunter Zeichnungen englischer und alter Meister, frühe italienische Gemälde, Skulpturen aus Afrika sowie Kunstwerke von Mitgliedern der Bloomsbury-Gruppe. Öffnungszeiten: Mo–Sa 10–18 Uhr, So, Feiertag 12–18 Uhr; Eintritt 4 Pfund; Eintritt frei Mo 10–14 Uhr außer an Feiertagen.

Ein silberner Greif am Victoria Embankment.

❷ Nehmen Sie sich genügend Zeit, den Ausblick von der Terrasse des Somerset House über die Themse zu genießen. Anschließend wartet das Haus Nr. 5 in der **Strand Lane** mit einem Badebecken im römischen Stil aus dem 17. Jahrhundert, das sich aus einer kalten Quelle speist.

Im 19. Jahrhundert annoncierte sein Besitzer stolz, dass diese Quelle täglich zehn Tonnen mit bestem Trinkwasser liefern würde, »dass also jeder Badegast den Vorteil von ständig erneuertem Wasser genießen kann«. Von der Gasse aus kann man durch ein Fenster ins Bad schauen, richtig besichtigen kann man es aber nur zu einem vorher vereinbarten Termin (Öffnungszeiten: Mai–Sep. jeden Mi 13–17 Uhr; nur nach Anmeldung mindestens 24 Stunden zuvor; Tel. 020 7641 5264, Fax: 020 7641 5215).

Ein Blick auf den Hof aus dem Courtauld Institute.

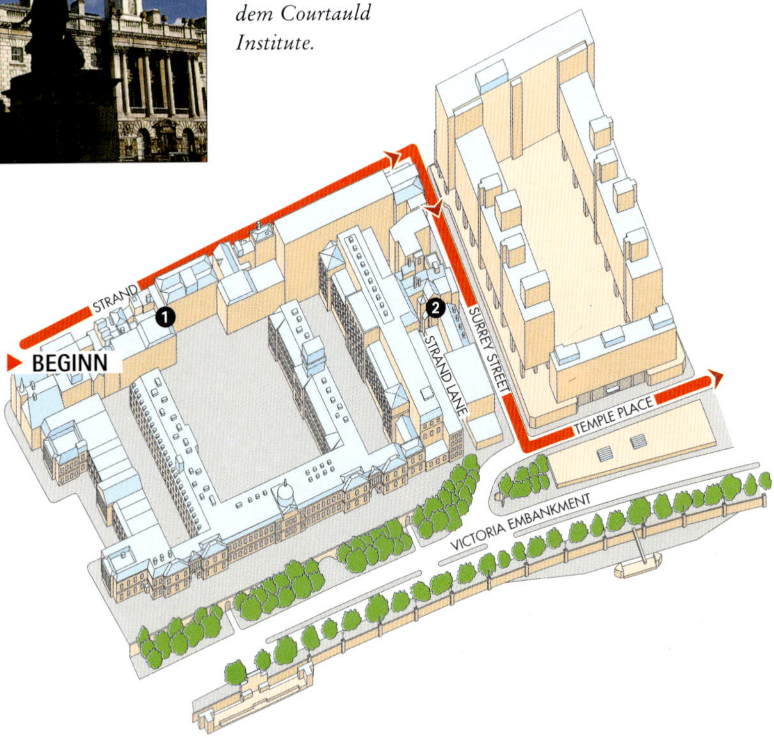

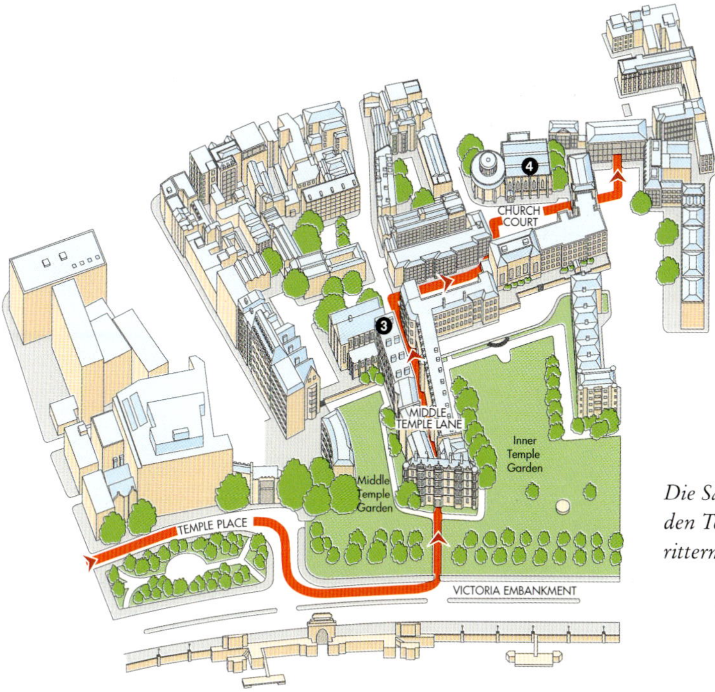

Die Säule mit den Tempelrittern.

❸ Vom Temple Place gehen Sie nach rechts auf den Fluss zu und bald darauf nach links das Embankment entlang. Jenseits der silbernen Greife betreten Sie hochoffiziell die City of London. Biegen Sie nach links und durch den Eingang des **Middle Temple** auf eine Kopfsteinpflasterstraße. Die beiden Tempelbezirke haben ihren Namen vom Orden der Tempelritter, die im 12. Jahrhundert hier ihr Hauptquartier hatten. Auf der Fassade der Middle Temple Hall kann man noch das Kreuz der Tempelritter sehen, ein rotes Kreuz auf weißem Grund, das von einem goldenen Lamm getragen wird. Die Halle wurde 1573 gebaut und weist eine beeindruckende doppelte Stichbalkendecke und eine elisabethanische Wand auf.

❹ Die marmornen Grabplatten der Tempelritter kann man in der kreisrunden **Temple Church** aus dem 12. Jahrhundert besichtigen. Außerhalb der Kirche erinnert ein weiteres Denkmal auf einer hohen Säule an die Templer: Zwei Kreuzritter reiten gemeinsam auf einem Pferd. Die Tempelritter wurden 1312 gewaltsam aufgelöst und ihr Landbesitz dem Johanniter-

Temple Place.

orden übergeben, der ihn an Juristen und Jurastudenten verpachtete. Das gesamte Areal des Inner Temple gehört heute den Gemeinschaftskanzleien der Barrister's Chambers und bildet allein zwei der vier Inns of Court. Der Name dieser Gerichtsbezirke verweist noch darauf, dass die Barristers hier ursprünglich nicht nur ausgebildet wurden, sondern auch Kost und Logis bezogen. Immer noch müssen die Studenten an einer genau definierten Zahl von offiziellen Essen in einem der Inns teilnehmen, bevor sie ihre Zulassung erhalten.

Sie bekommen einen Eindruck von den **Inner Temple Gardens,** wenn Sie die Route in südlicher Richtung verlassen und von der **Crown Office Row** durch die schmiedeeisernen Tore schauen.

❺ Inmitten von Sandwichläden, Zeitungskiosken und kleinen Gassen, die in den Temple-Bezirk führen, steht ein schwarzweißes Fachwerkhaus in der Fleet Street Nr. 17. Über eine enge Treppe gelangen Sie in den **Prince Henry's Room,** der seinen Namen den in der Mitte der Decke eingravierten Federn des Prince of Wales sowie den Initialen von Henry, dem Sohn von Jakob I., verdankt. Die geschnitzte Wandtäfelung überlebte sowohl den Großen Brand im Jahre 1666 als auch die Luftangriffe im Zweiten Weltkrieg. Eine Ausstellung im Prince Henry's Room erinnert an den Autor Samuel Pepys (Öffnungszeiten: Mo–Sa 11–14 Uhr).

Prince Henry's Room.

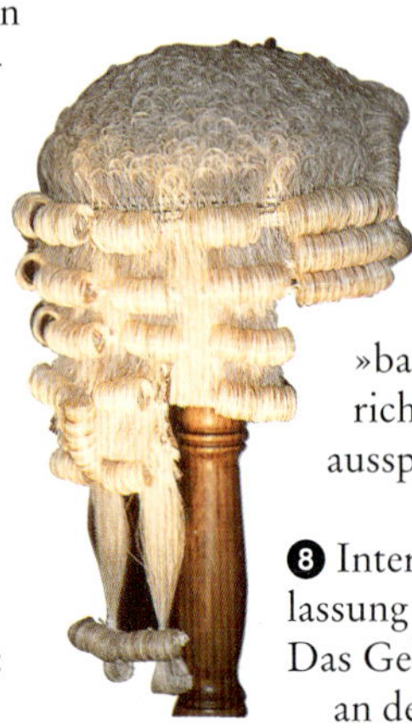

❻ Die auf juristische Werke spezialisierten Buchhandlungen und die nüchtern gekleideten Barristers in den Straßen zeigen deutlich, welcher Berufsstand in diesem Teil Londons das Sagen hat. Bei **Ede & Ravenscroft** in der **Chancery Lane** Nr. 93 kaufen die frisch gebackenen Barristers ihre Roben und maßgefertigten Perücken.

❼ In den **Royal Courts of Justice,** gemeinhin als die Law Courts bezeichnet, sind 88 einzelne Gerichtssäle zusammengefasst. Jedermann hat das Recht, auf den Zuschauerbänken Platz zu nehmen und einer Verhandlung beizuwohnen. Der ganze Komplex wurde von G.E. Street geplant und nach der Fertigstellung 1882 als ein Triumph des neogotischen Stils gefeiert. Innerhalb der Law Courts ist das Fotografieren nicht erlaubt, deshalb kann man seine Kamera in vielen der kleinen Läden gegenüber dem Haupteingang am Strand aufbewahren lassen, während man seine Besichtigung macht. Häufig wird man dafür um eine kleine Spende für einen wohltätigen Zweck gebeten. Auf der anderen Seite der Law Courts liegt die **Carey Street;** im Londoner Slang bedeutet »to be in Carey Street« ein Synonym für »bankrott sein«, da früher die Gerichte, die die Bankrotterklärungen aussprachen, in dieser Straße lagen.

❽ Interessant ist auch die Niederlassung der **Lloyds Bank** am Strand. Das Gebäude stand im 19. Jahrhundert an der Spitze des technischen Fort-

Der Haupteingang zu den Royal Courts of Justice.

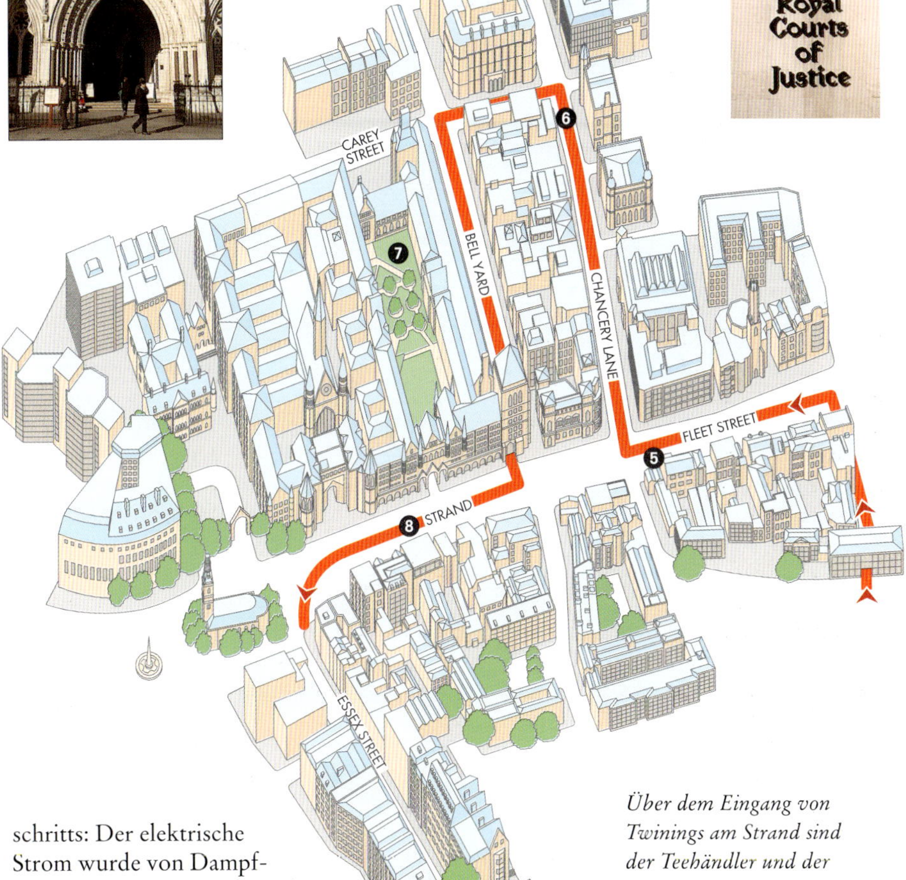

schritts: Der elektrische Strom wurde von Dampfmaschinen und Dynamos geliefert und die Klimaanlage beruhte auf einem System, das für die Frachträume von Schiffen entwickelt worden war.
Ein wenig weiter, in Haus Nr. 216, folgt **R. Twining & Co.** Dieses Geschäft wurde 1716 eröffnet und war der erste »trockene« Laden in London – hier bekam man nur Tee und Kaffee; durch die Verbannung des Alkohols wollte man die »Ladys« als Kundschaft gewinnen.

Über dem Eingang von Twinings am Strand sind der Teehändler und der Pflücker verewigt.

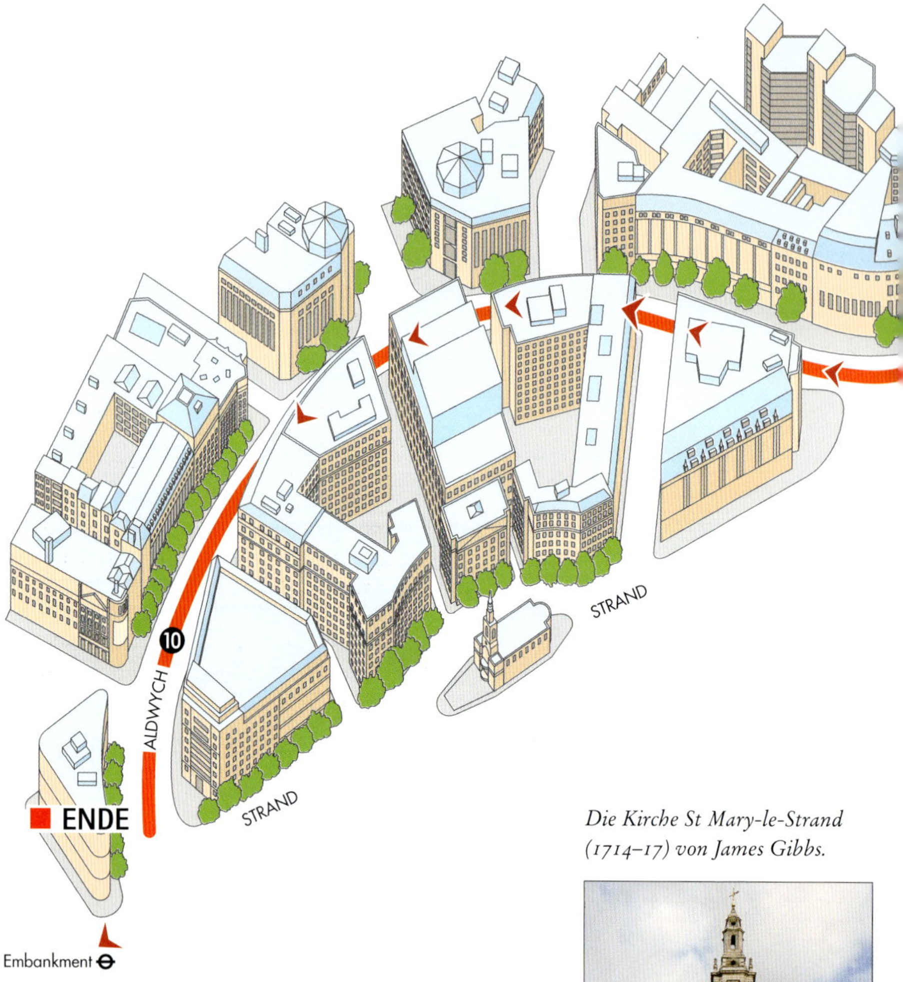

Die Kirche St Mary-le-Strand (1714–17) von James Gibbs.

❾ Nicholas Barbon war ein umtriebiger, geschäftstüchtiger Bauherr in der Mitte des 17. Jahrhunderts. Er ließ den größten Teil der **Essex Street** abreißen und baute stattdessen eine »Straße der Tavernen, Bierhäuser und Garküchen«. Der Schriftsteller und Rechtsanwalt Henry Fielding (1707–1754) lebte wie viele Juristen dieser Zeit in der Essex Street. Zwei der Pubs, die überlebt haben, sind einen Besuch wert: das Edgar Wallace im Haus Nr. 40, das auf dem Grundstück des ehemaligen, 1783 von Dr. Johnson gegründeten Essex Head Club steht,

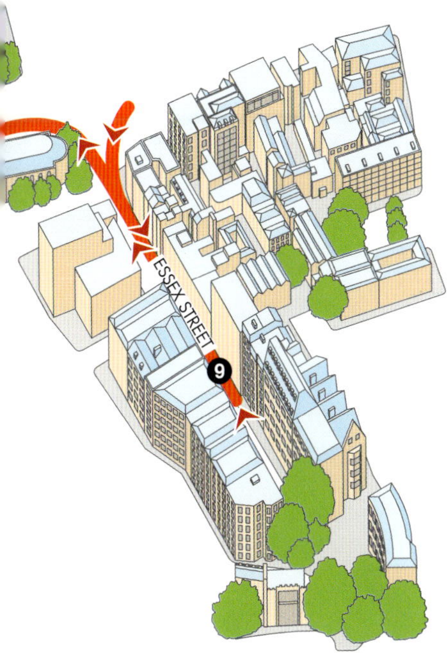

und das Cheshire Cheese um die Ecke in der Little Essex Street, das mit einer dunklen und massiven Inneneinrichtung sowie einem eigenen Hausgeist wirbt.

⑩ **Aldwich** ist zu neuem Leben erwacht. Die halbkreisförmige Straße, die früher vor allem Hochkommissariaten und kleinen Theatern eine Heimstätte bot, schmückt sich jetzt mit der **Bank,** einem der ersten Restaurants in London, das es wagte, anspruchsvolle Kochkunst in einem von Designern gestalteten Ambiente anzubieten. **Woodhams** ist ein eleganter Blumen-

One Aldwych.

laden in einem winzigen, aber kunstvoll ausgestatteten Raum. Zwei Hotels stehen in enger Nachbarschaft, die völlig konträr konzipiert sind: **One Aldwych** ist ein Hotel, das gleichzeitig als Galerie für zeitgenössische Kunst fungiert und mit dem **Indigo** ein ausgezeichnetes Restaurant unter seinem Dach hat, während das **Waldorf Meridien** sowohl in der Ausstattung als auch im Service traditionell-konservativ und nicht zuletzt für seinen Tanztee berühmt ist.

Holborn und Two Inns of Court

BEGINN
Southampton Row. Nächster U-Bahnhof: Holborn.

ENDE
Southampton Row. Nächster U-Bahnhof: Holborn.

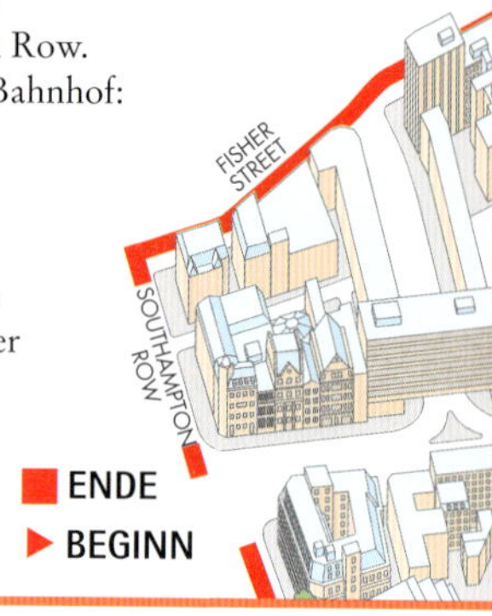

Dieser erholsame Spazierweg führt Sie zu versteckten Parks und Gärten, die nur durch einige enge Gassen verbunden sind, die sich durch Gray's Inn und Lincoln's Inn, zwei der vier Inns of Court, schlängeln. Unter der Woche stehen die so privat wirkenden Inns of Court allen Besuchern offen (am Wochenende sind sie geschlossen) und bieten Ihnen eine relativ wenig bekannte Oase der Ruhe in Londons verkehrsreicher Stadtmitte. Wenn Sie diese Tour im Sommer machen, sollten Sie sich etwas zu essen mitnehmen, da Sie an mehr als genügend schönen Plätzen für ein gemütliches Picknick vorüberkommen. Wenn Sie es allerdings einrichten können, diesen Rundweg auf den ersten Dienstag eines Monats fallen zu lassen, sollten Sie der Route in umgekehrter Richtung folgen. Dann bildet ein Besuch im Sir John Soane's Museum nach 18 Uhr den Abschluss der Tour, wenn sanftes Kerzenlicht dessen geheimnisvolles Interieur erleuchtet und Sie wie mit einer Zeitmaschine ins London des 19. Jahrhunderts befördert.

By courtesy of the Trustees of the Sir John Soane's Museum

Einige der Exponate im Sir John Soane's Museum.

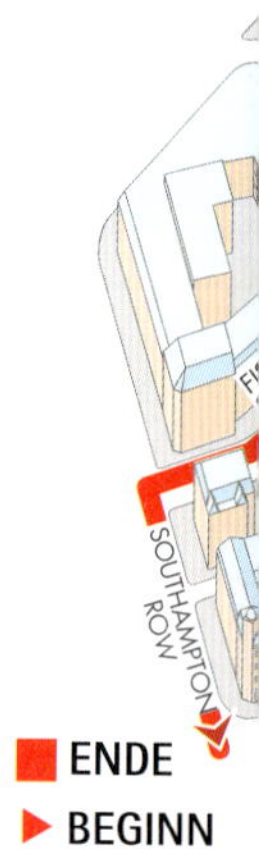

❶ Das **Sir John Soane's Museum** ist eines der stimmungsvollsten unter den kleinen Museen von London. Es befindet sich in eben dem Haus, das der Architekt John Soane von 1813 bis 1837 bewohnte; seitdem wurde hier praktisch nichts verändert. Soane war ein Meister im Umgang mit dem Raum; sein Gebrauch von Spiegeln erzeugt einen magischen, labyrinthartigen Effekt. Seine Sammlung architektonischer und anderer Zeichnungen und Gemälde war so umfangreich, dass aufklappbare Holztafeln an den Wänden angebracht werden mussten, um sie alle unterzubringen. Das Prunkstück der Sammlung stammt von William Hogarth, es sind die Originalgemälde in Öl, die als Vorlage für die beiden Gravurserien »The Rake's Progress« und »The Election« dienten. (Öffnungszeiten: Di–Sa 10–17 Uhr.)

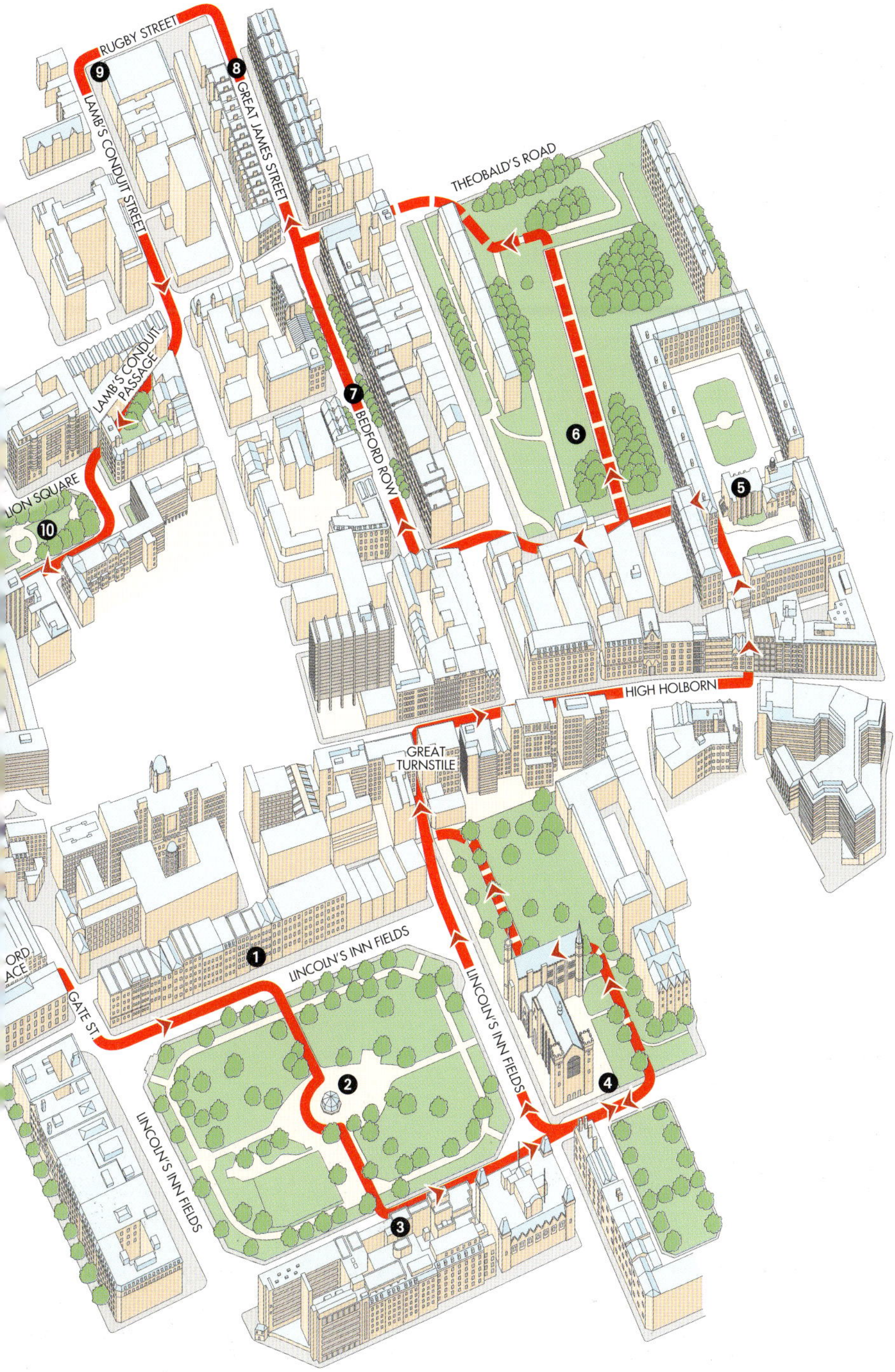
RUGBY STREET
LAMB'S CONDUIT STREET
GREAT JAMES STREET
THEOBALD'S ROAD
LAMB'S CONDUIT PASSAGE
BEDFORD ROW
LION SQUARE
HIGH HOLBORN
GREAT TURNSTILE
LINCOLN'S INN FIELDS
LINCOLN'S INN FIELDS
GATE ST.
LINCOLN'S INN FIELDS
ORD
ACE
1
2
3
4
5
6
7
8
9
10

Denkmal in Lincoln's Inn Fields.

❷ Durchqueren Sie die Parkanlage der **Lincoln's Inn Fields,** des ehemaligen Gemeindelands, auf dem einst Vieh graste. An Werktagen sind die Gärten zur Mittagszeit von Arbeitern und Angestellten aus den umliegenden Büros und Baustellen bevölkert, die hier ihre Sandwichs verzehren. Am Rande des Platzes liegen zahlreiche Anwaltskanzleien, darunter auch die der Anwälte der Königin, Farrer & Co.

❸ Auf der gegenüberliegenden Seite des Parks in Lincoln's Inn Fields Nr. 35-43 befindet sich das **Museum of the Royal College of Surgeons of England.** Ein elegantes, mit Friesen versehenes Treppenhaus führt hinauf in den ersten Stock zum **Hunterian Museum.** Es besteht hauptsächlich aus der Sammlung von John Hunter, der 1760 zum Militärarzt ernannt und für drei Jahre ins Feld geschickt wurde, wo er überwiegend mit Schusswunden und Geschlechtskrankheiten zu kämpfen hatte. Zu dieser Zeit legte er mit ein paar Eidechsen den Grundstock seiner anatomischen Sammlung. Seine Reputation als Chirurg und vergleichender Anatom wuchs in den Jahren nach seiner Rückkehr nach London derart, dass man ihm viele Raritäten zur Verfügung stellte, unter anderem auch Kängurus, die James Cook von seiner Weltreise 1768-1771 mitbrachte. 1793, zum Zeitpunkt seines Todes, hatte Hunter fast 14 000 Exponate in seiner faszinierenden Sammlung, darunter auch ein verpflanzter menschlicher Zahn, der in einen Hahnenkamm eingelagert ist. (Öffnungszeiten: Mo–Fr 10–17 Uhr.)

Ein Detail von dem Tor, das das Royal College of Surgeons abschirmt.

❹ **Lincoln's Inn** ist einer der prächtigsten Inns of Court. Charakteristisch sind seine Backsteinmauern, die ein Rautenmuster bilden, die Kamine im Tudorstil und die gewölbeartigen Durchgänge zur Kapelle (12–14.30 Uhr geöffnet). An Werktagen steht er jedermann offen, und obwohl man den Inn für einen privaten Wohnkomplex halten könnte, ist das Sträßchen entlang den Kanzleien der Barristers, der Old Hall und der Great Hall zwischen 12 und 14.30 Uhr ein öffentlicher Weg. In der äußersten linken Ecke des Gartens führt Sie eine Passage hinaus in die **Great Turnstile,** eine Gasse, die in ihrem Namen daran erinnert, dass einst ein Drehkreuz an dieser Stelle das Vieh am Verlassen der Weidegründe von Lincoln's Inn Fields hindern sollte.

Lincoln's Inn.

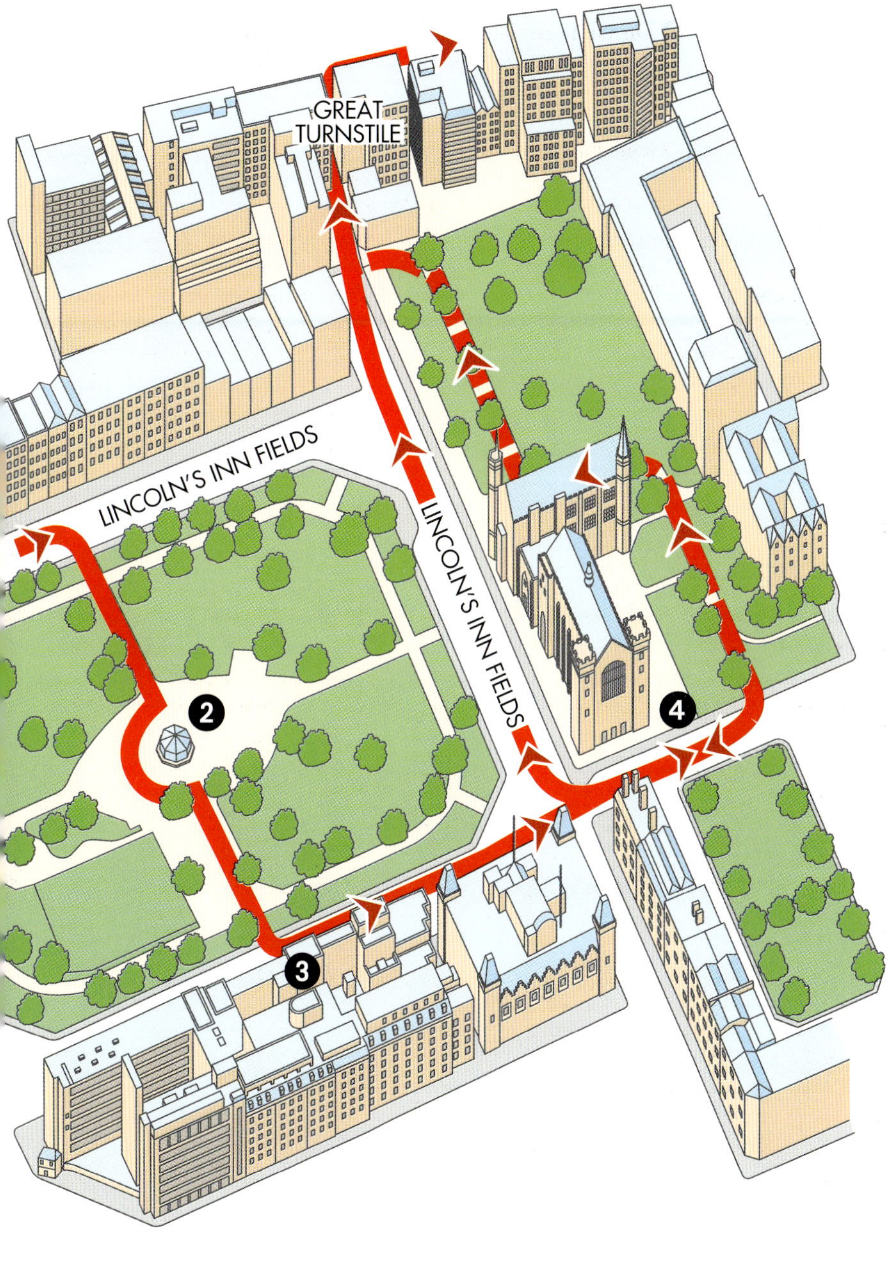
GREAT
TURNSTILE
LINCOLN'S INN FIELDS
LINCOLN'S INN FIELDS
2
3
4

❺ Überqueren Sie die High Holborn und gehen Sie auf dieser Straßenseite nach rechts, bis bei dem Pub Cittie of York eine schmale Passage zum **Gray's Inn** führt (Öffnungszeiten: Mo–Fr 10–16 Uhr). Es ist bei weitem nicht so schön wie Lincoln's Inn, da große Teile des Gebäudes im Zweiten Weltkrieg zerstört wurden. In der Halle findet sich jedoch eine fein geschnitzte Holzwand, die angeblich aus den Planken einer Schiffs der Spanischen Armada angefertigt wurde (nur nach Vereinbarung geöffnet; Tel. 020 7458 7800). Die »Komödie der Irrungen« von Shakespeare erlebte 1594 hier ihre Uraufführung.

Gray's Inn.

❻ Biegen Sie nach links in den überwölbten Torweg zu den **Gray's Inn Gardens** (Öffnungszeiten: Mo–Fr 12–14.30 Uhr). Im 17. Jahrhundert nannte man sie wegen ihrer Promenadewege *The Walks;* auch Samuel Pepys liebte die hiesigen Spaziergänge – wenn man sich auch an einem nebligen Morgen leicht eine verirrte Kugel einfangen konnte, da dies ein beliebter Platz für Duelle war. Der Hauptweg führt in Richtung Theobalds's Road, doch wenn The Walks geschlossen sind, müssen Sie einen Umweg über die Bedford Row einplanen.

Ein silberner Greif markiert die Grenze der City of London in High Holborn.

❼ Die **Bedford Row** ist eine hübsche Straße, die wie viele in diesem Viertel vom Baulöwen Nicholas Barbon konzipiert wurde. Im 17. Jahrhundert bauten Spekulanten ganze Straßenzüge in möglichst kurzer Zeit, um neuen Wohnraum zu schaffen. Barbon tat das Gleiche, allerdings in äußerst übertriebenen Dimensionen und mit äußerst dubiosen Methoden, um an Bauland heranzukommen. Die Häuser Nr. 36–43 sind etwas grob ausgeführt worden, geben aber ein gutes Beispiel für seinen Baustil. Sie sollten eigentlich ein Dachsims aus Holz haben und Flügel- statt Schiebefenster.

❽ Gehen Sie geradeaus weiter in die **Great James Street,** ein schönes Beispiel für eine Straße aus dem ersten Viertel des 18. Jahrhunderts, wo zu verschiedenen Zeiten der Dichter A.C. Swinburne, die Schriftstellerin Dorothy L. Sayers sowie Leonard und Virginia Woolf lebten. Am oberen Ende der Great James Street können Sie einen kleinen Abstecher nach rechts in die Northington Street und wieder rechts in den **Cockpit Yard** machen, wo im 18. Jahrhundert blutige Hahnenkämpfe vor zahlendem Publikum stattfanden.

High Holborn.

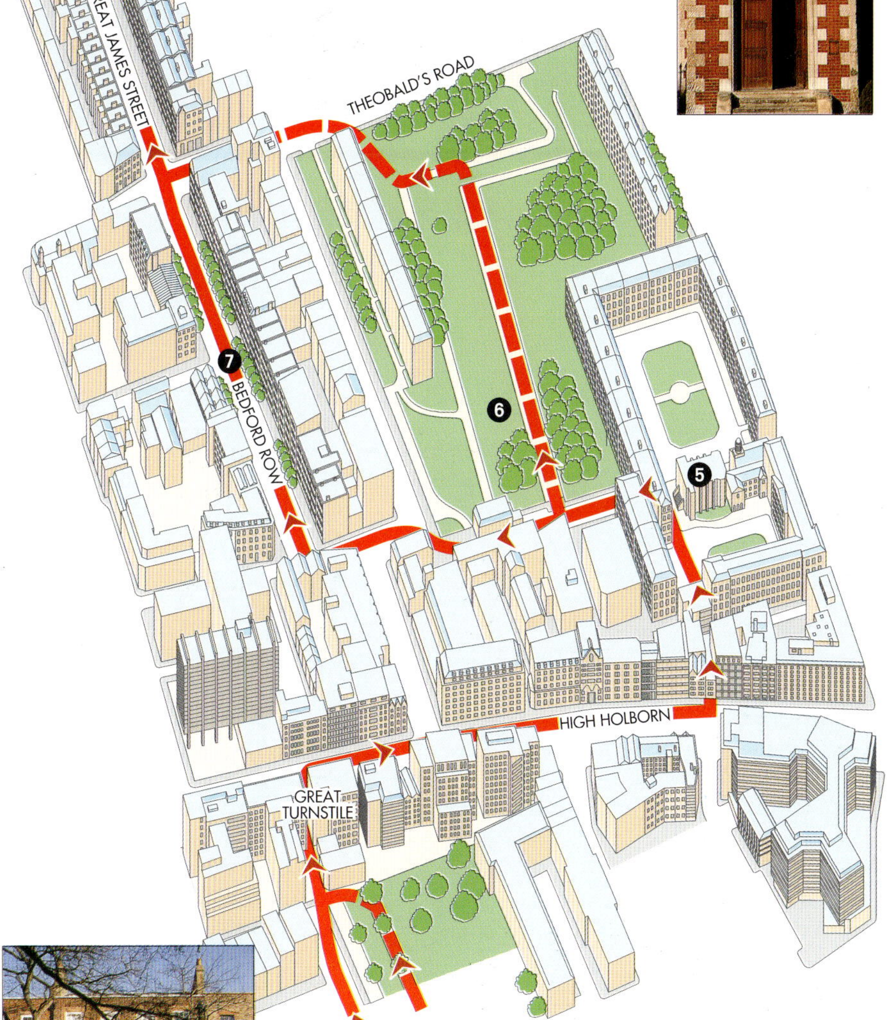

Gray's Inn.

Bedford Row.

Sicilian Avenue.

❾ Nach diesem Abstecher kehren Sie zur Great James Street zurück und gehen weiter zur Rugby Street. **Rugby** und **Lamb's Conduit Street** sind derzeit hip in London, es haben hier viele neue Läden aufgemacht, in denen exquisite Kunst und Kleidung verkauft werden. **Rennie's** im früheren French's Dairy im Haus Nr. 13 handelt mit britischer Kunst und Design des 20. Jahrhunderts. In seinem Hinterhof finden Sie die Ruinen des **White Conduit,** eines unterirdischen Gewölbes von ca. 1300, das ursprünglich Teil eines ganzen Systems von Rohrleitungen, Aquädukten und Entwässerungskanälen war, das frisches Trinkwasser zum Greyfriars Monastery in der Newgate Street und später auch bis St Bartolomew's und Smithfield transportierte (siehe Seite 100–107).

Am nördlichen Ende der Lamb's Conduit Street (außerhalb des Kartenausschnitts) steht zur Rechten **The Lamb,** ein schöner und altehrwürdiger Pub. Hier haben Gäste, die bei der Unterhaltung nicht gestört werden wollen, die Möglichkeit, sich diskret zurückzuziehen; nur für die Bestellung eines Drinks müssen sie ihre Nische kurzzeitig verlassen.

❿ Biegen Sie nach links in die Lamb's Conduit Street und überqueren Sie Theobald's Road. Danach bringt Sie ein Rechtsschwenk in die Fußgängerzone der Lamb's Conduit Passage und weiter zum **Red Lion Square.** Rossetti, William Morris und Burne Jones lebten im 19. Jahrhundert im Haus Nr. 17 und Bertrand Russell hielt seine Lesungen in der Conway Hall in Haus Nr. 25, wo die 1887 gegründete South Place Ethical Society untergebracht war.

Holborn befand sich im 19. Jahrhundert am Rand des Zentrums der italienischen Gemeinde in London. Giuseppe Mazzini, einer der Vorkämpfer des Risorgimento, der Einheit Italiens, musste einige Jahre im Exil in London leben; der Mazzini and Garibaldi Club, den er 1864 gründete, um die Lage der italienischen Arbeiter in Großbritannien zu verbessern, hat seinen Sitz im Haus Nr. 51. Für die damaligen Gastarbeiter konnte das Leben ziemlich hart sein: eines Samstags ging Mazzini zum Pfandleiher, um seinen alten Mantel und ein Paar Schuhe zu verpfänden, und musste sehen, dass das Haus voller Leute war, die das Gleiche vorhatten, um sich für den Sonntag etwas zu essen kaufen zu können.

Die wohlhabendere Seite von Little Italy in London verkörpert die 1905 gebaute **Sicilian Avenue** (außerhalb des Kartenausschnitts) auf der anderen Seite der Southampton Row. Sie ist eine kurze Fußgängerpassage, die am Kopfende und an den Seiten von ionischen Säulen eingegrenzt ist.

Denkmal am Red Lion Square.

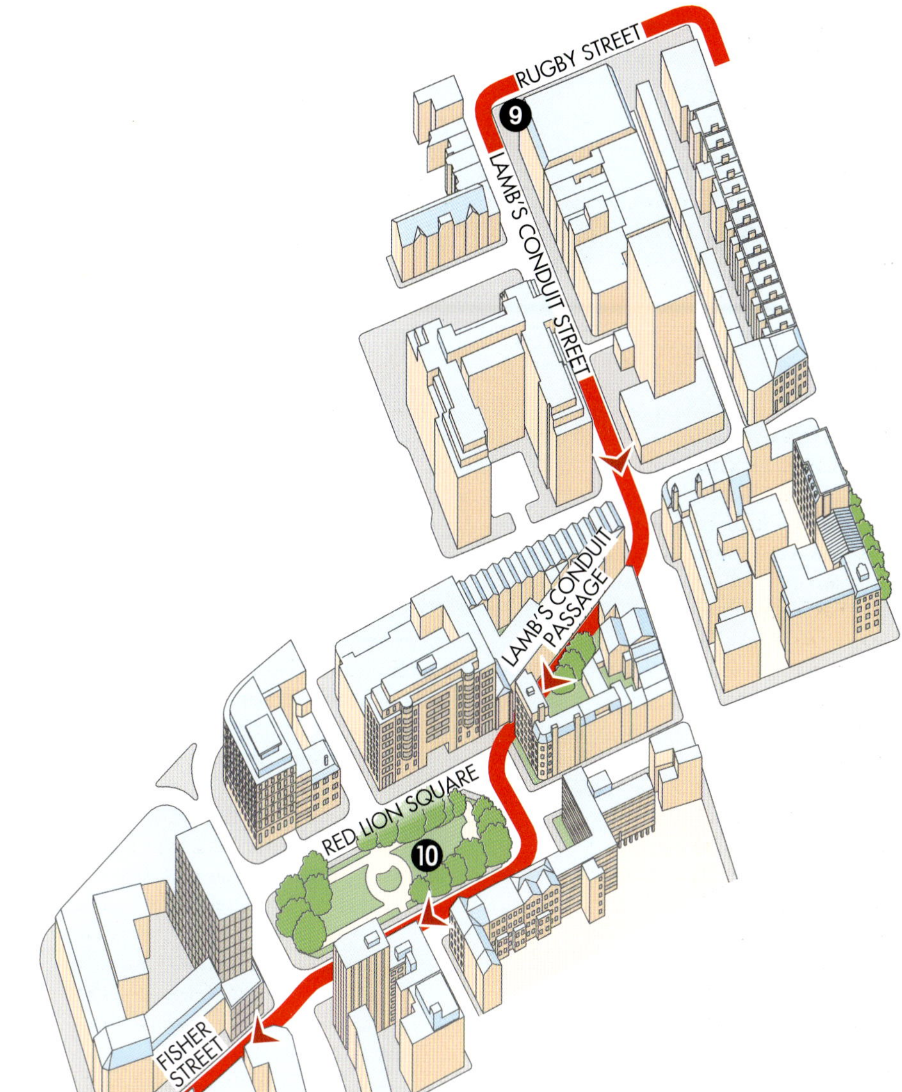

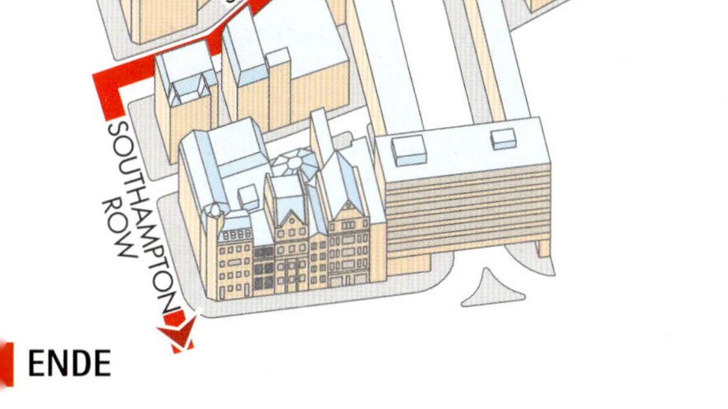

Rennie's im ehemaligen French's Dairy.

Smithfield

Smithfield Market Coat of Arms.

Der Markt von Smithfield war früher einmal so bedeutend, dass für das Vieh, das zum Markt getrieben wurde, eine eigene Umgehungsstraße um London (heute die Euston Road) gebaut wurde, damit es nicht weiterhin die Oxford Street verstopfte. Fleisch wird hier auch heute noch verkauft, ansonsten erlebt das Viertel eine erstaunliche Renaissance: Der Markt wurde kürzlich in großem Stil saniert und die Straßen drumherum sind mit ihren vielen Klubs, Bars und Restaurants heute für die City, was Soho und Covent Garden für das West End bedeuten. Die Gastronomie und die aus dem Boden schießenden Firmen, die meist in irgendeiner Form mit Medien zu tun haben, bringen neuen Wohlstand in das Viertel – im 19. Jahrhundert waren Clerkenwell und das benachbarte Holborn die ärmsten Distrikte der Hauptstadt. Der bemerkenswerteste Teil von Smithfield ist allerdings immer noch der älteste. Die Klosterkirche und das Hospital von St Bartholomew reichen bis ins 12. Jahrhundert zurück und die überwiegend normannische Kirche ist eine der stimmungsvollsten in ganz London. Überhaupt kann dieser Spaziergang einen lebhaften Eindruck von der Vergangenheit der Stadt vermitteln.

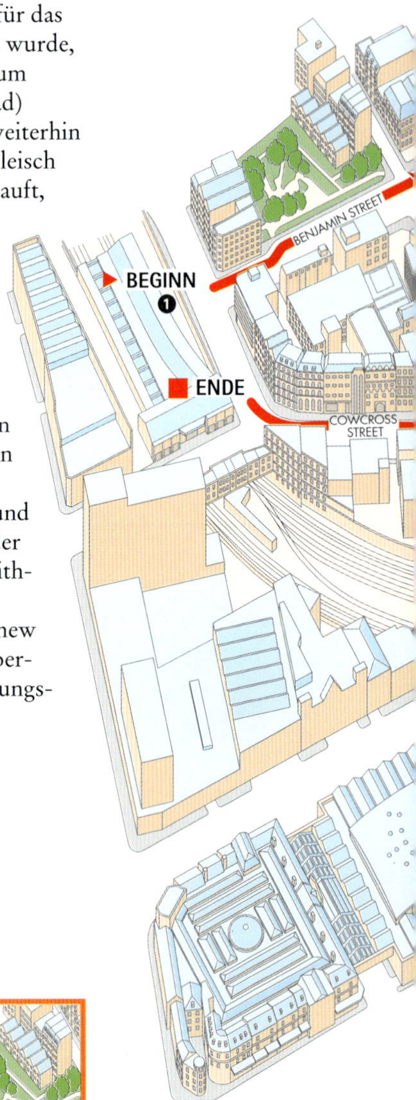

BEGINN
Farringdon Station. Nächster U-Bahnhof: Farringdon.

ENDE
Cowcross Street. Nächster U-Bahnhof: Farringdon.

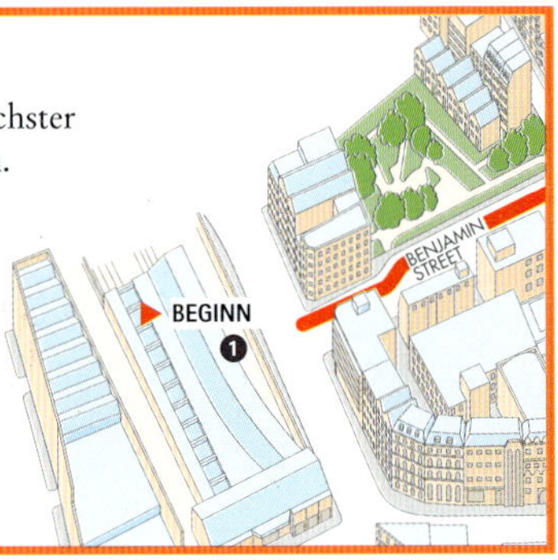

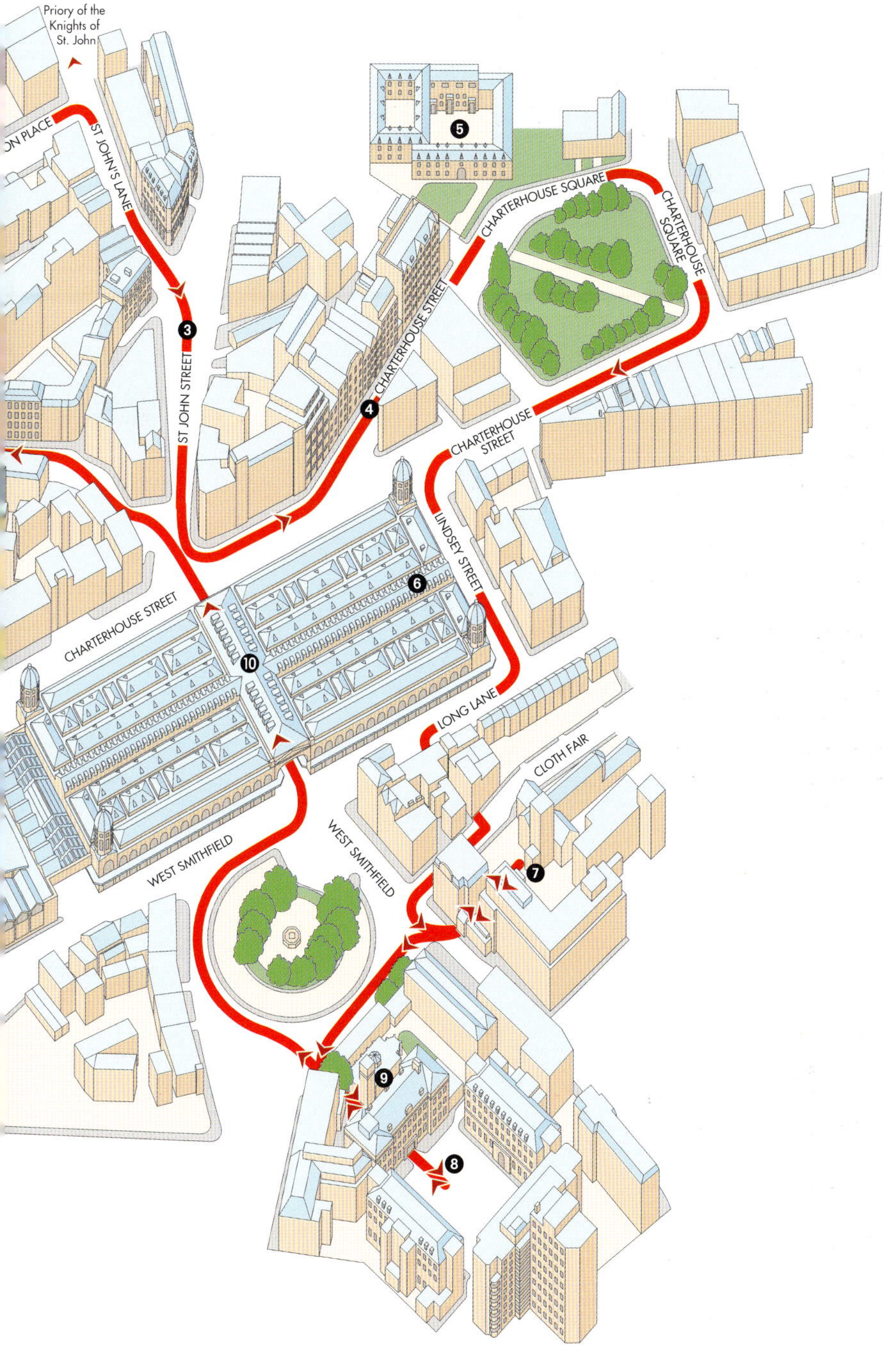
Priory of the Knights of St. John
ON PLACE
ST JOHN'S LANE
3
ST JOHN STREET
5
CHARTERHOUSE SQUARE
CHARTERHOUSE SQUARE
CHARTERHOUSE STREET
4
CHARTERHOUSE STREET
LINDSEY STREET
6
CHARTERHOUSE STREET
10
LONG LANE
CLOTH FAIR
WEST SMITHFIELD
WEST SMITHFIELD
7
9
8

Rund um Smithfield sieht man viel innovative Architektur, wie bei diesem Haus von Piers Gough.

❶ Der 1863 gebaute Bahnhof **Farringdon Station** war damals der Endpunkt der Metropolitan Line, der ersten Untergrundbahn der Welt. Zwischen den Weltkriegen wurde die Linie zwischen der City und den neuen, attraktiven Wohngebieten und Vororten in Hertfordshire, vom Volksmund als Metroland bezeichnet, oberirdisch ausgebaut. Für deren Golfplätze, unverbrauchte Luft und unverbaute Landschaft so nahe der Großstadt warben auch die Eisenbahngesellschaften offensiv, da sie vom Geschäft mit den Pendlern profitieren wollten.

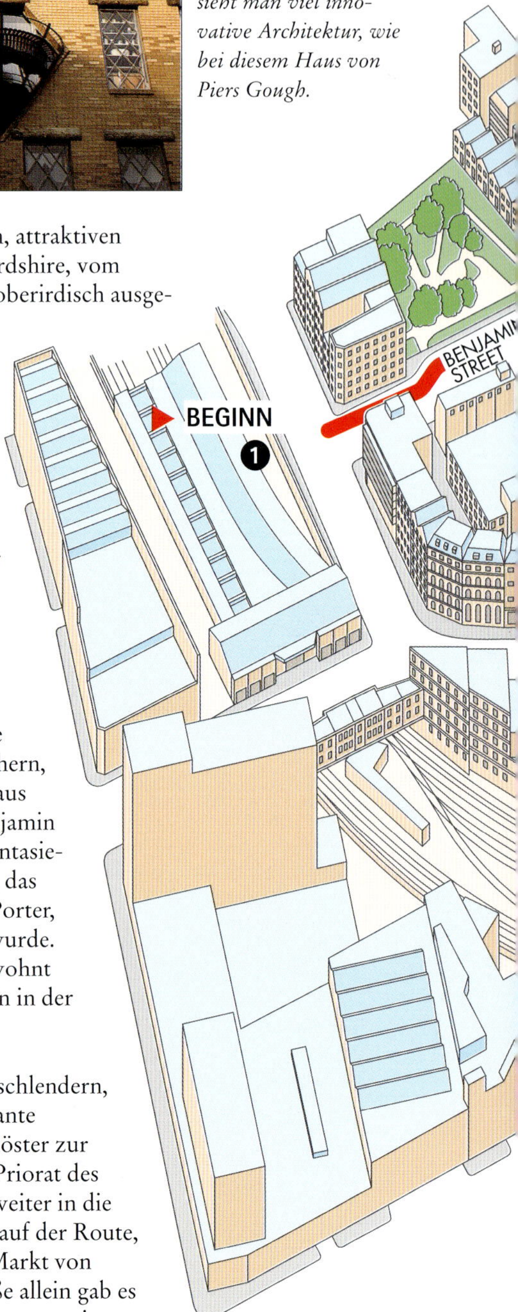

❷ Heute markiert **Farrington** weniger das Tor zu Metroland als vielmehr das zum Medialand. Hier wohnen Computerspezialisten, Internetberater oder Journalisten vom *Guardian* oder *Observer.* Durch seine zahlreichen Restaurants und Bars zieht es auch eine Mischung von jugendlichen Klubbesuchern, Nachtschwärmern und Schlipsträgern aus der City an. An der Kreuzung von Benjamin und Britton Street steht, an seinem phantasievollen blauen Dach leicht zu erkennen, das Haus der Medienlegende Janet Street-Porter, das 1987 von Piers Gough entworfen wurde. In der Nähe, in St John Street Nr. 66, wohnt Jibby Beane, die sich als Unternehmerin in der Kunstwelt einen Namen gemacht hat.

❸ Wenn Sie die St John's Lane entlangschlendern, sehen Sie schon von weitem das imposante **Torhaus,** das vor der Auflösung der Klöster zur Priory of the Knights of St John, dem Priorat des Johanniterordens, gehörte. Gehen Sie weiter in die **St John Street,** dann befinden Sie sich auf der Route, die die Viehtreiber auf dem Weg zum Markt von Smithfield einschlugen; auf dieser Straße allein gab es früher 23 Pubs. Die heutigen »Verpflegungsstationen«

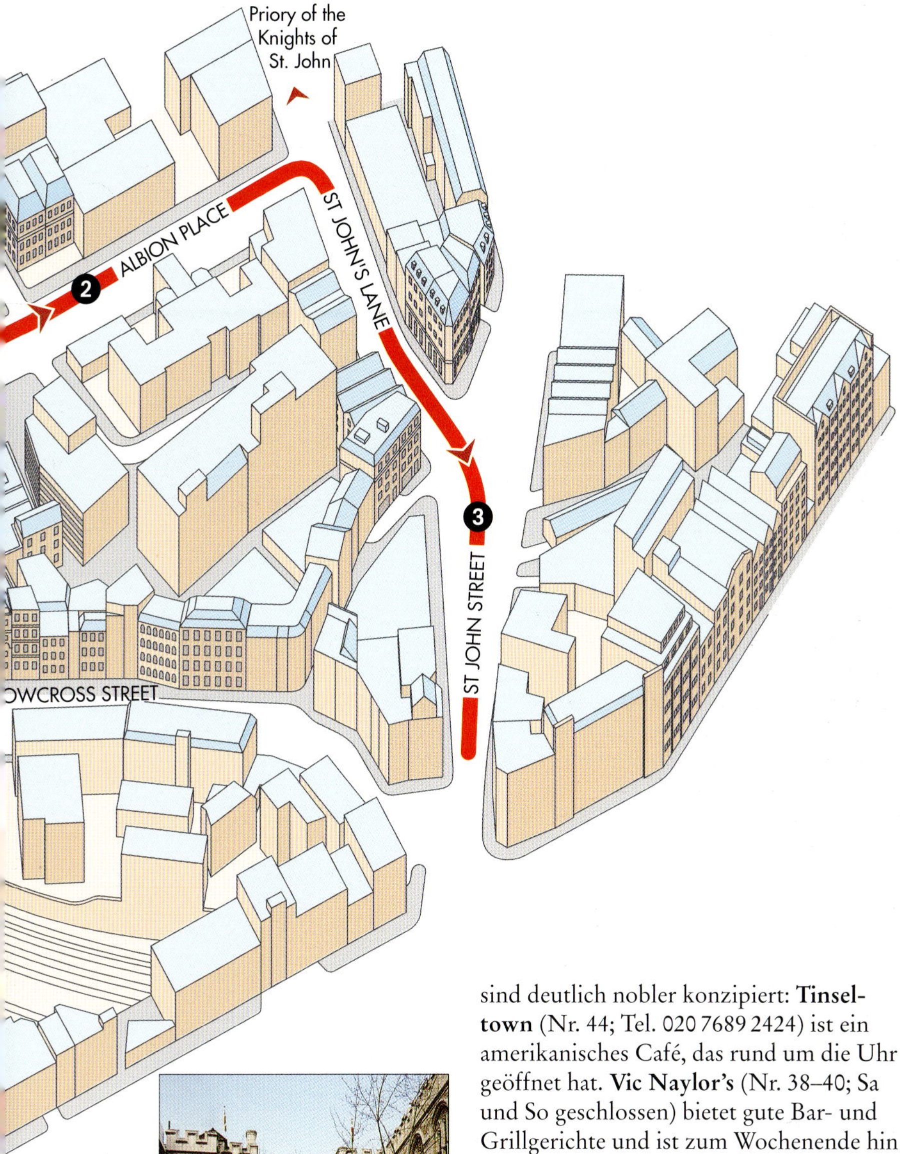

sind deutlich nobler konzipiert: **Tinseltown** (Nr. 44; Tel. 020 7689 2424) ist ein amerikanisches Café, das rund um die Uhr geöffnet hat. **Vic Naylor's** (Nr. 38–40; Sa und So geschlossen) bietet gute Bar- und Grillgerichte und ist zum Wochenende hin meist sehr voll. Einige Schritte weiter lockt das Restaurant **St John** vor allem die Liebhaber von Innereien und Ähnlichem mit Schweinsköpfen, Ochsenzungen und -haxen. Alle Zutaten stammen natürlich vom Markt, der wenige Meter entfernt ist.

Das Torhaus zum Priorat des Johanniterordens.

❹ Unsere Route führt nun in die Charterhouse Street mit zwei interessanten Pubs, der **Smithfield Tavern** und dem **Fox and Anchor** mit seiner schönen Fassade von 1898, die ihre Pforten bereits um 6.30 Uhr morgens öffnen dürfen. Auf einer Tafel an der Frontseite der Smithfield Tavern steht als Begründung, hier würden die Metzger, Fuhrleute, Träger und überhaupt alle auf dem Markt Beschäftigten etwas zu trinken und ein Frühstück bekommen; tatsächlich sind aber genauso viele Kunden Frühaufsteher, die in der City arbeiten. Etwas weiter die Straße hinab findet man in einem umgebauten Lagerhaus in Charterhouse Mews das ausgezeichnete französische Restaurant **Le Café du Marché** (Tel. 020 7603 1609).

❺ **Charterhouse** ist ein sehr schöner Gebäudekomplex am Rande des Charterhouse Square, der an der Stelle eines Kartäuserklosters aus dem 14. Jahrhundert steht, was man mit etwas Phantasie noch aus dem Namen herauslesen kann. Nach der Auflösung des Ordens wurde der Komplex zur Heimstatt für eine Schule und ein Hospiz. Jetzt verbringen hier einige alte Menschen ihren Lebensabend, weshalb Touristen das Gelände nur bei Führungen (April–Juli: Mi 14.15 Uhr) oder zu den Gottesdiensten in der Kapelle von Charterhouse am Sonntag (9.45 Uhr und 17.45 Uhr) betreten dürfen.

Figur am Markt von Smithfield.

Die Kirche St Bartholomew-the-Great.

❻ Der Rundweg führt nun am Smithfield Market vorbei, der inzwischen in **Central Markets** umbenannt ist. Das riesige Gebäude wurde von Horace Jones entworfen und 1868 mit einem imposanten Turm mit grünem Kuppeldach an jeder Ecke der Markthalle errichtet; in den Türmen wurden Getränke ausgeschenkt. Der Name Smithfield verweist auf den früher gebrauchten Begriff »smoothfields«, denn im 12. Jahrhundert lag diese Gegend vor den Stadttoren und war nichts weiter als flaches Land, das für Pferdemärkte, Turniere, Raufereien, Hinrichtungen und vor allem für den bedeutenden Jahrmarkt der Bartholomew Fair genutzt wurde. Dieses populäre, aber auch rüde Spektakel wurde 1855 von den Behörden verboten, denen die ganze Entwicklung wohl etwas aus den Händen geglitten war.

❼ In den stimmungsvollen Passagen um **Cloth Fair** bekommt man eine Vorstellung davon, wie London im Mittelalter ausgesehen haben könnte. In ihrer Mitte liegt die Kirche von **St Bartholomew-the-Great,** die 1123 von Rahere als Priorat gegründet

Charterhouse.

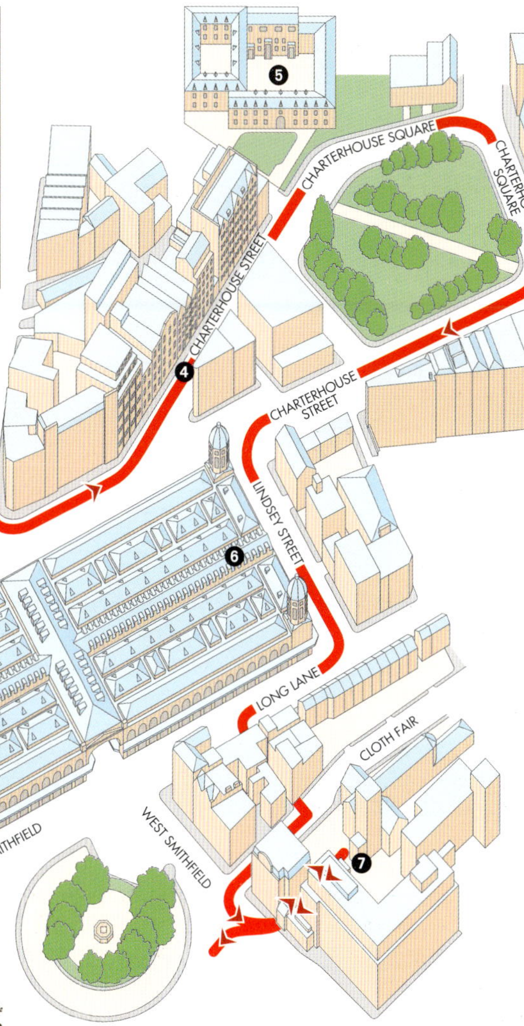

Einer der Zugänge zu St Bartholomew-the-Great.

Ein Turm der Markthalle von Smithfield.

wurde. Dieser war ein Hofnarr von König Heinrich I., der auf einer Pilgerfahrt nach Rom fast an Malaria gestorben wäre und als Dank für seine Rettung das Kloster erbaute. Die Kirche ist dämmerig und geheimnisvoll im Licht der Kerzen. Sie stammt aus normannischer Zeit und die meisten Rundbogen sind noch original. Dennoch sind nur zwei Drittel des ursprünglichen Gebäudes erhalten, alles Übrige wurde von Heinrich VIII. während der Auflösung der Klöster zerstört. Der Maler William Hogarth wurde hier getauft. (Öffnungszeiten: Mo–Fr 8.30–17 Uhr; Sa 10.30–13.30 Uhr; So 14–18 Uhr.)

Der Innenhof von St Bartholomew's Hospital (1730–1759), ein schönes Beispiel für den Architekturstil von James Gibb.

❽ Um 1150 hatte St Bartholomew's bereits einen guten Ruf bei Patienten, die verzweifelt auf eine Wunderheilung hofften. Heute ist **St Bartholomew's Hospital,** im Volksmund kurz Bart's genannt, eines der beliebtesten Krankenhäuser Londons. In lange vergangenen Zeiten war es eine der wenigen Institutionen, die Findelkinder, Waisen und Babys aus dem nahe gelegenen Gefängnis von Newgate (siehe Seite 114) aufnahmen. Auch andere fanden hier Zuflucht: Die Kopie eines Stichs im Museum des Hospitals (Öffnungszeiten: Mo–Fr 10–16 Uhr) zeigt, wie Wat Tyler, der Anführer des Bauernaufstands von 1381, aus dem Hospital, wo seine Stichwunden behandelt worden waren, zur Hinrichtungsstätte geschleppt wird. Das Museum enthält noch einige besorgniserregend aussehende medizinische Instrumente früherer Zeiten, bei deren Anblick man für die Gnade der viel späteren Geburt richtig dankbar ist. Andere Exponate zeigen die Rolle der Frauen in der medizinischen Ausbildung und im weiten Treppenaufgang, der zur Great Hall des Krankenhauses führt, sieht man zwei bis zur Decke reichende Gemälde von William Hogarth, die von allerlei Kranken, Gebrechlichen, Siechen und frisch Verbundenen bevölkert sind.

❾ Knapp vor dem Eingang zum Museum steht die Kirche **St Bartholomew-the-Lesser,** die im Vergleich zur großen Kirche geradezu hell und nüchtern erscheint. Darin findet man eine Buntglasmalerei von 1950, die Rahere in seiner Mönchskutte zeigt; allerdings streckt er ein Bein mit der Strumpfhose und dem Quastenschuh des Narren darunter hervor.

Ein Detail des Eingangs zum Smithfield Market.

❿ Vermutlich schickt es sich nicht, nach all den Auslassungen über Märtyrer und Operationen über den Fleischmarkt zu schlendern. Der gesamte Handel ist jedoch um acht Uhr morgens bereits abgewickelt, und ein Gang über seine Hauptstraße wird auch die Empfindlichen nicht aus der Bahn werfen. Nachts dagegen sieht man in dieser Gegend viele Jugendliche, die auf dem Weg in einen Tanzschuppen sind. Einer der größten und besten Klubs ist **Fabric** in der Charterhouse Street Nr. 77, gegenüber dem Markt, mit mehreren lagerhallengroßen Tanzflächen. Eine beliebte Bar für die Zeit, bevor man tanzen geht, ist das **Fluid** in der Charterhouse Street Nr. 40.

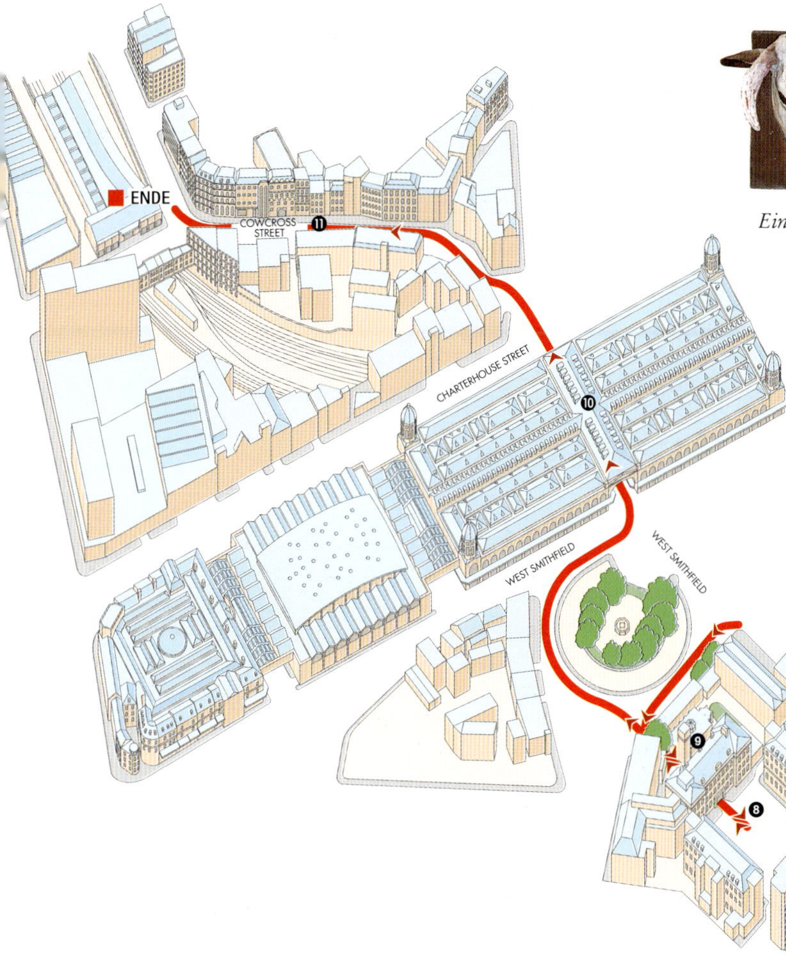

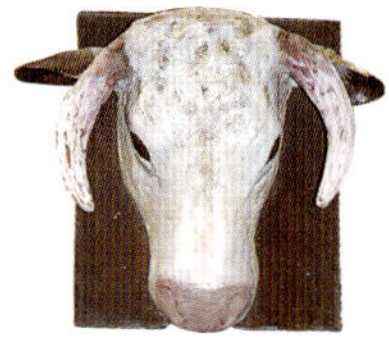

Ein Detail vom Hotel The Rookery.

⓫ Die **Cowcross Street** führt Sie zurück zur Farringdon Station. Von all den Bars und Restaurants auf diesem Weg kommen Sie zuerst zum Pub **The Hope** (mit dem Sir Loin Restaurant im ersten Stock). Sir Loin soll die korrekte Schreibweise des Sirloin-Steaks, des Lendensteaks vom Rind, sein: Jakob I. war angeblich über ein Steak, das ihm vorgesetzt wurde, so begeistert, dass er es in den Adelsstand erhob. Auf der anderen Straßenseite, an der Kreuzung von Peter Lane und Cowcross Street, steht **The Rookery,** ein kleines Hotel im georgianischen Stil. Der ganze Stadtteil wurde im 19. Jahrhundert The Rookery genannt, weil er einer der übelsten Slumbezirke in London war, was man sich heute kaum noch vorstellen kann.

St Paul's

▶ BEGINN
Cheapside. Nächster U-Bahnhof: Bank.

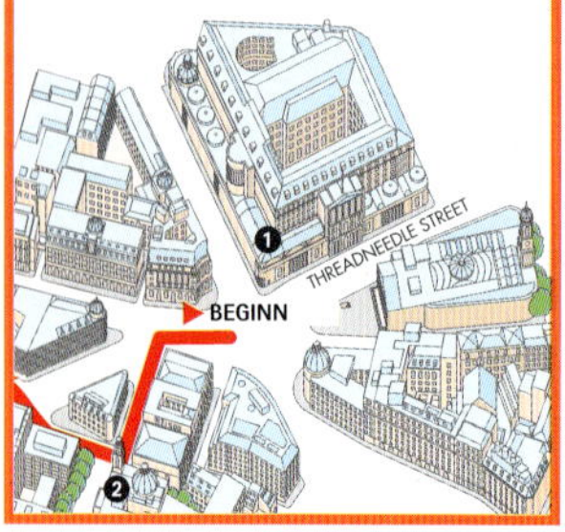

Die hohe Konzentration von Banken und die Menge von gestresst wirkenden Geschäftsleuten gibt der Londoner City einen ganz anderen Charakter als zum Beispiel dem West End. Die Straßen, die von Cheapside abzweigen, sind wieder so belebt wie im Mittelalter, als dies das kommerzielle Herz der Stadt war. Ihre Namen, Poultry, Bread Street, Milk Street und Ironmongers Lane, verraten noch, dass hier früher Geflügel, Brot, Milch und Eisenwaren zum Verkauf angeboten wurden; heute reihen sich in diesen Gassen und Passagen Weinlokale und Geschäfte aller Art aneinander.

Über allem thront auf ihrer eigenen Verkehrsinsel die St Paul's Cathedral, ein Wahrzeichen Londons, in einem Meer von Bürogebäuden. Auf unserem Spazierweg gelangen wir auch zu Old Bailey, wo einige der schauerlichsten Verbrechen des Königreichs vor Gericht verhandelt wurden, in die Fleet Street, deren enge Verbindung mit der Druckerzunft bis auf William Caxton zurückgeht, und zu einigen der schönsten Kirchen von Christopher Wren, die er nach dem verheerenden Großen Brand von 1666 wieder errichten ließ.

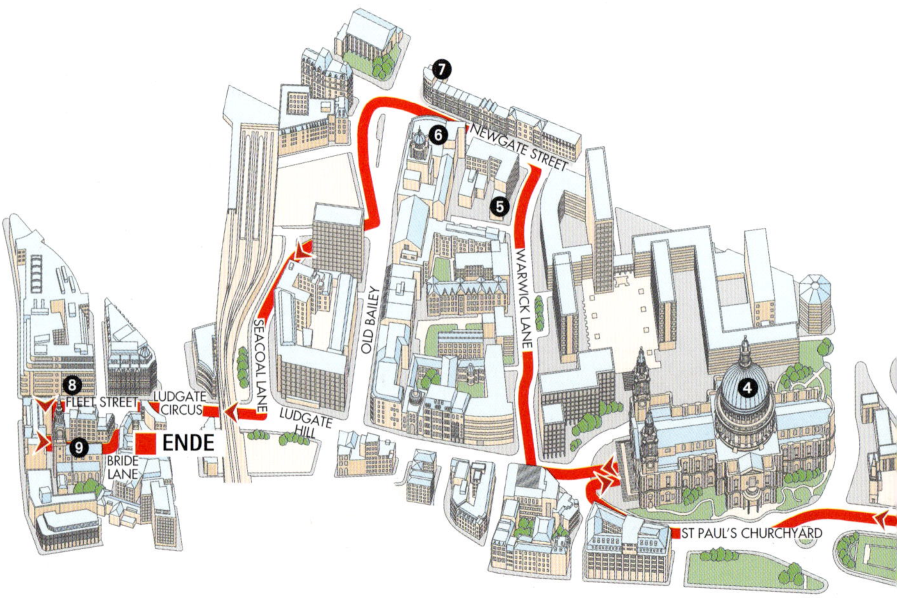

St Paul's Cathedral, die von Christopher Wren im Geiste des antiken Rom und Griechenlands im klassizistischen Stil entworfen wurde.

ENDE

Fleet Street. Nächster U-Bahnhof: St Paul's.

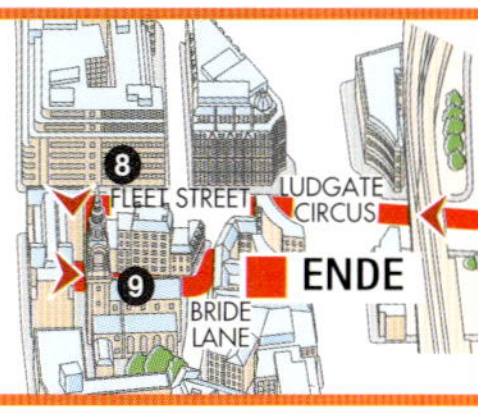

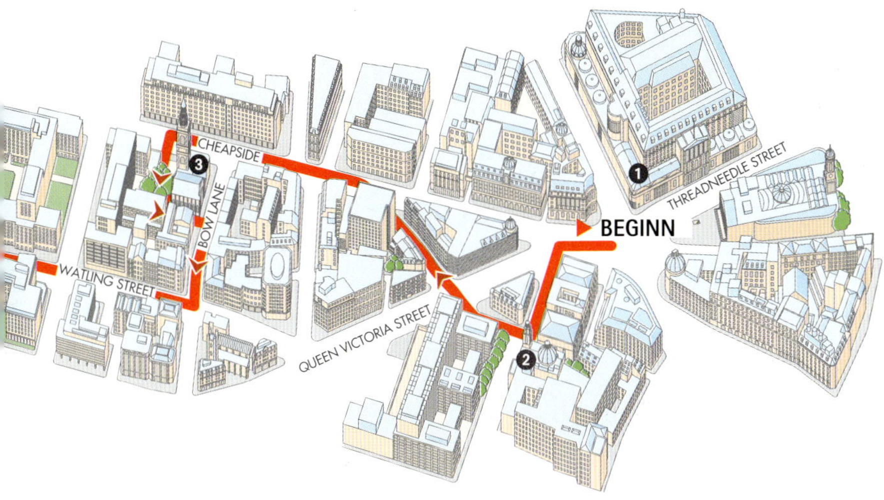

❶ London ist einer der überragenden Finanzmärkte der Welt und fast der gesamte Handel spielt sich in der »Quadratmeile« um die **Bank of England** ab. Im Museum der Bank in der Bartholomew Street kann man alles über ihre Geschichte erfahren und sich selbst zum Spaß als Börsenmakler versuchen, an interaktiven Geräten in einem Nachbau des 1793 von John Soane entworfenen Stock Office. (Öffnungszeiten des Museums: Mo–Fr 9–17 Uhr; Eintritt frei.) Der größte Teil des Viertels wurde beim Großen Brand von 1666 vollständig vernichtet, im Gegensatz zu den abgebrannten Holzhäusern wurden zumindest die Kirchen von Christopher Wren wieder aufgebaut.

❷ Wenige Schritte von der Bank of England entfernt liegt **St Stephen Walbrook,** die Gemeindekirche des Lord Mayor, des Oberbürgermeisters von London. Es ist eines der schönsten Gebäude von Christopher Wren: harmonisch und graziös und von einer hohen Kuppel

Christopher Wrens Kirche St Stephen Walbrook.

Im Museum der Bank of England.

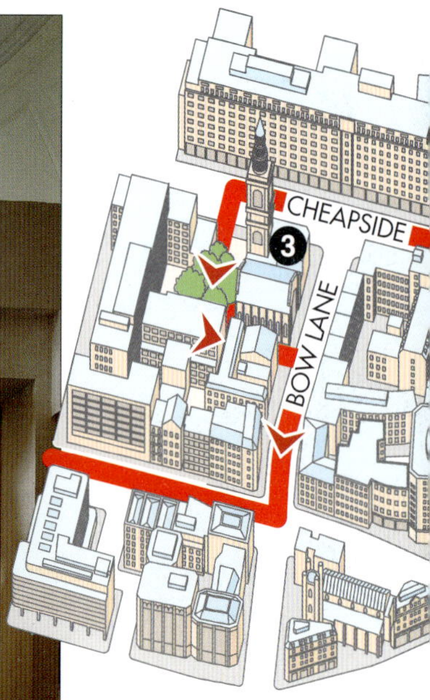

gekrönt. Der weiße Steinaltar von Henry Moore von 1987 bildet einen modernen Kontrast zur dunklen ornamentalen Kanzel und dem Taufbecken.

❸ Eine weitere Kirche von Wren ist **St Mary-le-Bow** an der Cheapside, und ihre Glocke ist die »great bell of Bow« aus dem Kindervers »Oranges and Lemons«. Hier darf sich nur der als richtiger Londoner, als »true Cockney«, bezeichnen, der in Hörweite der Glocken von Bow Church geboren worden ist. Das Innere der Kirche ist eher schlicht; mehr Atmosphäre dürfen Sie in den Gewölben der normannischen Krypta erwarten, wo ein Restaurant untergebracht ist. An Dienstagen werden regelmäßig »lunchtime dialogues« abgehalten, Streitgespräche zwischen dem Pfarrer in einer der Kanzeln und einem eingeladenen Gast in der anderen.

St Mary-le-Bow an der Cheapside.

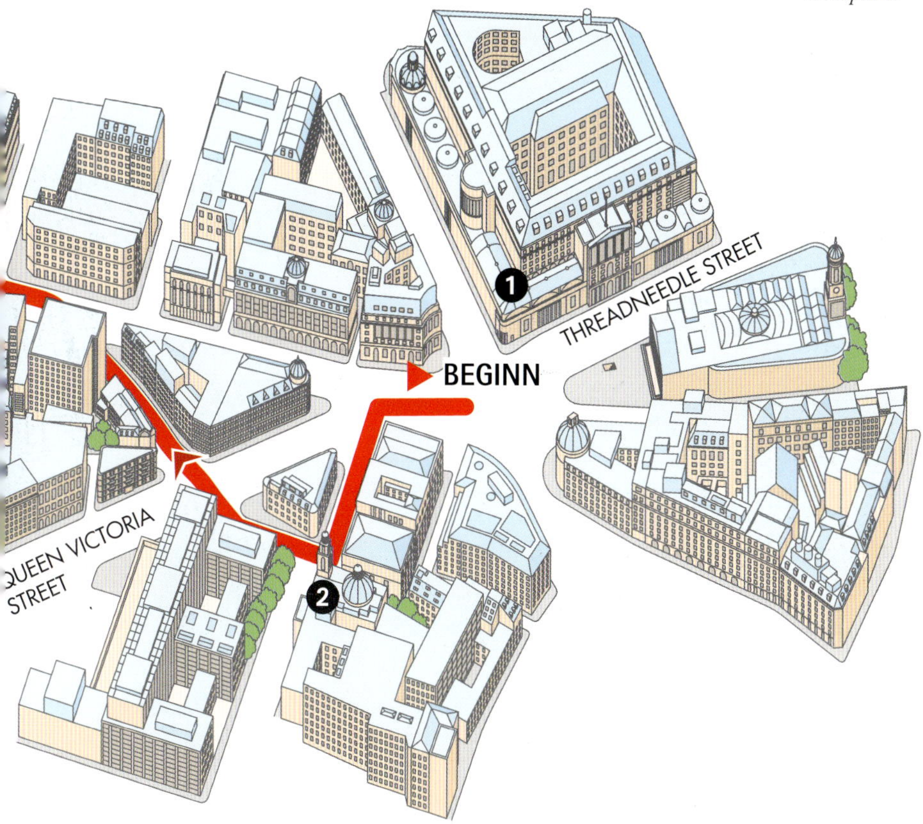

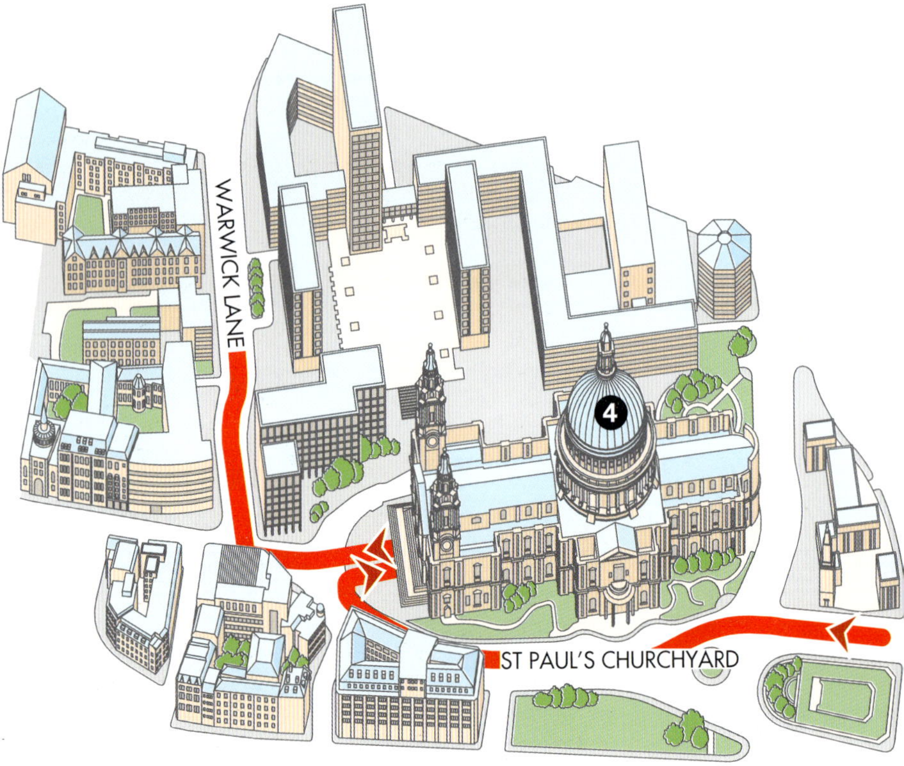

Denkmal für die Freiwilligen, die während des Zweiten Weltkriegs jede Nacht Wache schoben.

❹ Schlendern Sie im Zickzack durch die Nebensträßchen von Bow Lane und Watling Street bis zur **St Paul's Cathedral.** An dieser Stelle befand sich schon seit normannischen Zeiten eine Kathedrale, die größte der damaligen Zeit im nördlichen Europa. Christopher Wrens Bau, der 1710 abgeschlossen wurde, sollte ursprünglich einen ähnlichen Kirchturm wie seine Vorgänger bekommen; während der Bauzeit jedoch hielt Wren die Dachkonstruktion der neuen Kathedrale unter Planen versteckt und baute insgeheim eine Kuppel, die besser zum Barockstil seines Entwurfs passte.

Das imposante Bauwerk hat auch im Inneren viele Sehenswürdigkeiten, etwa das Chorgestühl und die Verzierungen an der Orgel, die vom Meisterschnitzer Grinling Gibbons stammen, oder das Gemälde »Das Licht der Welt« von William Holman Hunt (um 1900), doch am bekanntesten ist die Kirche als feierlicher Rahmen von Staatsereignissen. Für viele Monarchen wurden Jubiläumsgottesdienste in der Kathedrale abgehalten, und ihre Kinder wurden hier getraut. 1852 drängten sich Tausende zum Begräbnis des Duke of Wellington, während der Innenraum mit schwarzen Tüchern bedeckt und erstmals von Gaslicht erhellt war. 1806 fuhr die Leichenprozession mit dem 1805 bei Trafalgar gefallenen Admiral Nelson auf einer Barke die Themse hinauf bis zu St Paul's; sein Körper war von der Mannschaft der *HMS Victory* in Brandy konserviert worden. Beide Gräber befinden sich in der Krypta der Kirche. Besonders beliebt ist die Whispering Gallery, wo die raffinierte Architektur der Kuppel dafür sorgt, dass man mithören kann, was jemand auf der gegenüberliegenden Seite der Galerie spricht, wenn man das Ohr in die Nähe der Mauer hält. Es gibt immer einige Besucher, die den Effekt ausprobieren, nachdem sie die 259 Stufen erklommen haben. Einige weitere Stufen führen zur Stone Gallery (53 Meter oder 378 Stufen hoch) und zur kleineren Golden Gallery (85 Meter oder 530 Stufen hoch).

Nahe beim Eingang steht das Denkmal von Königin Anna, die zur Zeit der Fertigstellung von St Paul's regierte.

»Die Liebenden« nahe der St Paul's Cathedral.

St Paul's vom Süden, von St Paul's Churchyard, gesehen.

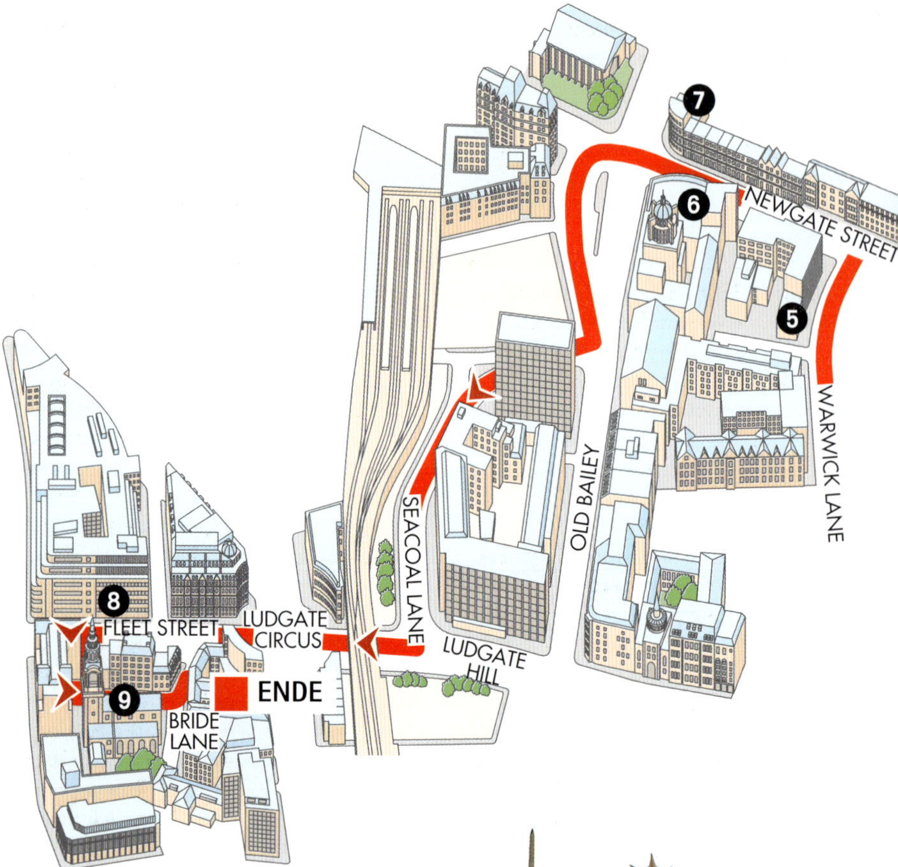

❺ Vom Haupteingang der Kathedrale führt der Weg nach rechts in die Warwick Lane und zur **Stationers' Hall** und **Cutlers' Hall.** Ein Terrakottafries berichtet von der Arbeit der Messerschmiede: sie hämmern das Eisen und treten Blasebälge, um den Ofen anzuheizen. Gehen Sie die Warwick Lane weiter bis zur **Newgate Street,** die nach dem Gefängnis benannt ist, das seit dem 12. Jahrhundert hier stand und erst 1880 geschlossen wurde.

Die bronzene Justitia steht auf der Kuppel des Old Bailey.

❻ **Old Bailey,** Großbritanniens oberstes Gericht, im edwardianischen Barock (1902–1907) erbaut, steht neben dem Gefängnis von Newgate und dem alten Westtor der römischen Stadt Londinum. In 19 Verhandlungssälen werden jährlich um die 1700 Prozesse geführt. Die Zuschauerränge sind von 10 bis 13 Uhr und von 14 Uhr bis zum Ende des Verhandlungstags um 17 Uhr zugänglich. An den ersten beiden Tagen jedes Prozesses tragen die Richter Blumensträußchen mit sich, eine Reminiszenz an die Tage, als der Blumenduft noch die Dämpfe vertreiben sollte, die das Gefängnisfieber verursachte.

❼ Auf der anderen Seite der Newgate Street steht die **Viaduct Tavern,** ein schönes Beispiel für ein prachtvolles viktorianisches Wirtshaus. Es öffnete 1869, im gleichen Jahr, als Königin Viktoria den Holborn Viaduct einweihte. In seinem Inneren finden sich die Gemälde von drei desinteressierten weiblichen Figuren, die den Ackerbau, die Künste und das Bankwesen repräsentieren. Die pausbäckigen, schwarzhaarigen Reliefköpfe, die rundherum auf allen Wänden knapp unterhalb des Simses zu sehen sind, sollen die sechzehn Richter von Old Bailey darstellen, die Todesurteile verhängen konnten.

❽ Ludgate Circus markiert den Anfang der **Fleet Street** oder Street of Shame, wie sie das Satiremagazin *Private Eye* nennt. Hier waren die großen Zeitungen des Landes zu Hause, bevor sie im Lauf der 1980er Jahre aus der City wegzogen. Die erste Ausgabe der *Sunday Times* wurde am 20. Oktober 1822 knapp außerhalb der Fleet Street, im Salisbury Court, herausgegeben. In der Punch Tavern in der Fleet Street wurde 1841 die Zeitschrift gleichen Namens aus der Taufe gehoben. Nur eine Nachrichtenagentur – Reuters – ist noch vor Ort: Die Fassade ihres monumentalen Gebäudes aus dem Jahr 1935 zeigt eine überlebensgroße Gestalt, die Neuigkeiten in alle Welt hinausposaunt.

❾ Die Verbindung von Fleet Street und dem Druckereiwesen ist jedoch älter: Um 1500 brachte Wynkyn de Worde die erste Druckerpresse in die City und stellte sie in der kleinen, von Wren erbauten Kirche von **St Bride's** auf, die seither die Printers Cathedral oder Journalists Church genannt wird. Der fünfstufige Kirchturm kommt Ihnen sicher irgendwie bekannt vor: Millionen von Hochzeitskuchen wurden in dieser Form gefertigt, nachdem Mr. Rich, ein Konditor in der Fleet Street, ihn im 18. Jahrhundert zum ersten Mal kopierte.

Die Taverne, die nach dem nahe gelegenen Holborn Viaduct benannt ist.

Tower of London

Sonnenuhr im St Katherine's Dock.

Dieser Spaziergang kann einen ganzen Tag dauern, wenn Sie den Tower of London auch von innen besichtigen, die Tower Bridge Experience erleben und das Design Museum betrachten wollen (dann sollten Sie ein Mittagessen in St Katherine's Dock oder ein Abendessen in der Butler's Wharf einplanen). Er kann auch in nur wenigen Stunden absolviert werden und Ihren Geldbeutel weniger belasten, wenn Sie die Sehenswürdigkeiten nur von außen betrachten, denn sowohl Tower als auch Tower Bridge bieten in jedem Fall bemerkenswerte und betrachtenswürdige Perspektiven. Es sind die phantastischen Panoramaaussichten, die den besonderen Reiz dieses Spaziergangs ausmachen und die sich naturgemäß hauptsächlich bei gutem Wetter über die Brücke, den Tower, die Docks und den Fluß eröffnen.

Die Zelle von Thomas Morus im Tower of London.

▶ BEGINN
Tower Hill. Nächster U-Bahnhof: Tower Hill.

■ ENDE
Tower Bridge. Nächster U-Bahnhof: Tower Hill.

Kriegsdenkmäler auf Säulen am Tower Hill.

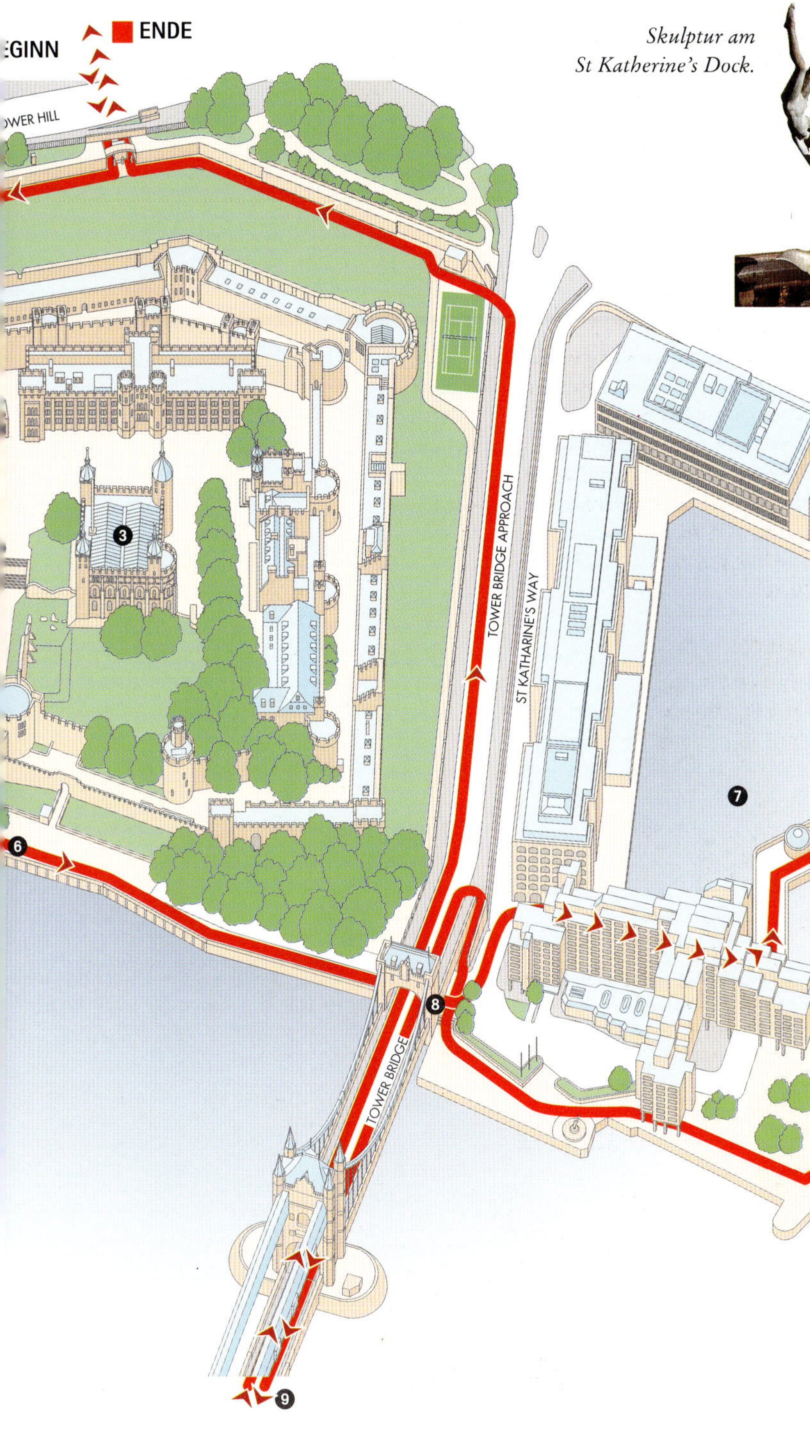

Skulptur am St Katherine's Dock.

❶ Wenn Sie den U-Bahnhof verlassen haben, gehen Sie gleich die Stufen zum **Aussichtspunkt** und der großen Sonnenuhr hinauf. Eine Panoramatafel nennt Ihnen die Namen aller benachbarten Gebäude. Zu den elegantesten gehört **Trinity Square,** das von Edwin Cooper 1912–1922 gebaut wurde und früher das Hauptquartier der Hafenbehörde Port of London Authority beherbergte.
Dieses ganze Areal lag innerhalb des Freibezirks der »Tower Liberty« – wer 1687 in diesem Bezirk lebte, unterstand bis 1894 nicht den Gesetzen der City of London.

Der White Tower.

❷ Gehen Sie zurück zum Eingang des U-Bahnhofs und folgen Sie den Schildern durch eine Unterführung zum Tower of London. Der Weg teilt sich bald nach rechts hin auf; wenn Sie diese Abzweigung nehmen und um die Ecke des Burggrabens gehen, landen Sie vor dem Kartenhäuschen am Eingang zum Tower. Wenn Sie den Tower nicht besichtigen möchten, können Sie an dieser Stelle wieder zum Tower Hill hinauswandern und danach – ohne Eintritt bezahlen zu müssen – über die Autozufahrt zu The Wharf weitergehen, einem Fußweg zwischen dem Tower und dem Fluss.
Für Londoner symbolisierte der Tower in seiner Geschichte viele unterschiedliche Dinge. Er wurde zunächst als Festung, als ein Symbol der Unterdrückung von den einfallenden Normannen gebaut (und 1290 vollendet). Später wurde er zum Zufluchtsort: Viele Male während des 13. Jahrhunderts suchten die Londoner Juden in seinen Mauern Schutz vor dem hasserfüllten Pöbel. Von hier übte der Constable of the Tower of London seine Strafgerichtsbarkeit aus und warf jeden, der der Steuerhinterziehung verdächtigt wurde, in den Knast. Zu den bekanntesten Bildern, die jeder mit England verbindet, gehören die Wachleute der Yeomen of the Guard, auch Beefeater genannt, vor dem Hintergrund des Tower. Auch dieses Bild wurde zu Krisenzeiten manipuliert: 1936 führte Mosley von dem symbolträchtigen Treffpunkt des Tower aus seine Schwarzhemden durch das jüdische East End.

Ein Wachmann der Yeomen of the Guard.

❸ Der **White Tower** ist der am leichtesten wiederzuerkennende Teil des Tower of London. Die Anfänge dieses Bollwerks mit 4,5 Meter dicken Mauern reichen bis ins 11. Jahrhundert zurück. Es wurde von Wilhelm dem Eroberer begonnen und von seinem Sohn, Wilhelm II., fertiggestellt; dessen Bruder, Heinrich I., begann damit, das steinerne Gebäude als Gefängnis zu nutzen.
Der White Tower wurde zu vielen Zwecken verwendet: In seinem Inneren befindet sich auch die runde **Chapel of St John the Evangelist,** ein beeindruckendes Juwel der frühen normannischen Architektur; hier mussten junge Adlige zur Zeit von König Heinrich IV. die

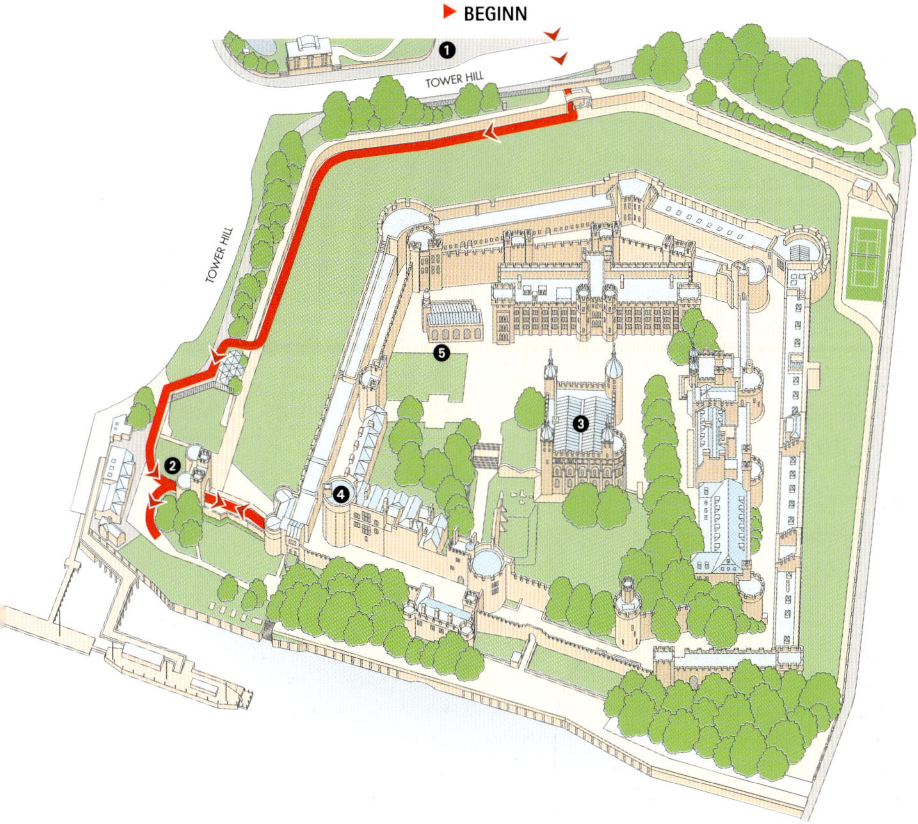

Nacht nach einem rituellen Bad mit einer Nachtwache verbringen, bevor sie am nächsten Morgen zu Rittern geschlagen wurden.

❹ Die Mehrheit der Towergebäude wurden von den jeweiligen Monarchen dazu genutzt, all diejenigen einzusperren, die ihre Macht gefährden konnten. Thomas Morus, der Kanzler und Chefberater von Heinrich VIII., wurde in einem kleinen Steinverlies im unteren Teil des **Bell Tower** eingekerkert, weil er sich weigerte, dem König als Oberhaupt der Church of England Gehorsam zu schwören statt dem Papst in Rom. Die Zelle, in der er ab dem 17. April 1534 für 15 Monate bis zu seiner Enthauptung 1535 auf dem Tower Hill gefangen gehalten wurde, wurde erstmals zu den Feierlichkeiten des Jahrs 2000 für das Publikum geöffnet.

❺ Der Kopf von Thomas Morus wurde auf der London Bridge zur Schau gestellt – als Warnung für alle anderen, die die Scheidung des Königs von Katharina von Aragón nicht für rechtmäßig hielten. Man sagt, dass Morus' Tochter Margaret den Kopf zurückerlangen konnte und sein Schwiegersohn ihn später in Canterbury beerdigte. Sein Körper jedenfalls liegt wie die von hunderten Gefangenen, die auf dem Richtplatz enthauptet wurden, in der **Chapel of St Peter ad Vincula** (St Peter in Ketten) begraben, die noch innerhalb der Towermauern steht.

St Katharine's Dock.

❻ Der dunkle und muffige Eingang des **Traitor's Gate** liegt gleich bei The Wharf. Hier legten die Barken mit den politischen Gefangenen an, die in den Gerichten von Westminster abgeurteilt worden waren. Die aus Eichenholz und Eisen gefertigten Tore am Fuß des St Thomas's Tower müssen entmutigend auf jeden gewirkt haben, hinter dem sie sich schlossen. **The Wharf** trennt den Burggraben vom Fluss mit seinen vielen Schiffen und Booten.
Am gegenüberliegenden Ufer liegt der Schlachtkreuzer *HMS Belfast,* der 1938 vom Stapel lief und noch alle seine Kanonen besitzt. Er ist der letzte Überlebende aus einer ganzen Flotte von gepanzerten Kriegsschiffen, die in der ersten Hälfte des 20. Jahrhunderts für die Royal Navy gebaut wurden. (Öffnungszeiten: 10–17 oder 18 Uhr.)

❼ Gehen Sie durch den Bogengang im Fundament der Tower Bridge und danach links am Thistle Tower House vorbei auf dem Weg zum **St Katharine's Dock** von 1828. Schilder zeigen Ihnen die Richtung zum Ivory House, das 1854 zur Lagerung von Elfenbein, Parfüm, Wein, Muschelschalen und anderen Kostbarkeiten errichtet wurde. Zu den Gebäuden, die landeinwärts liegen, gehören das moderne World Trade Centre und die London Fox Futures and Options Exchange, wo Kaffee, Kakao und Zucker gehandelt werden. Das Hafenbecken hat nicht mehr die frühere Bedeutung für den Umschlag von Waren; nach dem Zweiten Weltkrieg ließ der Handel immer weiter nach, und in den 1970er Jahren wurden die Werften und Becken in einen Jachthafen mit Geschäften, Pubs und Cafés umgebaut.

❽ Folgen Sie dem Fußpfad am Fluss entlang zurück zur Tower Bridge. Ein Schild verweist Sie zur **Tower Bridge Experience,** dem Zugang zum Fußgängerweg oben zwischen den Turmspitzen der Brücke; aber auch der kostenlose Übergang über die Brücke auf Straßenniveau bietet herrliche Ausblicke auf London. Die Stahlkonstruktion der Brücke stellte zur damaligen Zeit die allerneueste Technik dar und bietet ein glänzendes Beispiel für die viktorianische Ingenieurskunst eines John Wolfe-Barry.
Die Brücke wird etwa 500 Mal pro Jahr für durchfahrende Schiffe geöffnet. Heute werden die Zugteile durch elektrische Maschinen bewegt und nicht mehr über das ursprüngliche hydraulische System, das mit Dampfdruck arbeitete. Es ist ein spektakulärer Moment, wenn sich die Brücke hebt, auch wenn man ihn nicht so sehr genießt, wenn man deswegen im Stau steckt. Die Maschinenräume liegen auf dem Südufer gegenüber dem Tower. Spähen Sie durch das Fenster gleich neben dem Eingang, um einen Eindruck von den Dimensionen und dem Gewicht der Kolben und Zahnräder zu bekommen, die die Maschinen bis 1976 antrieben.

Die Tower Bridge.

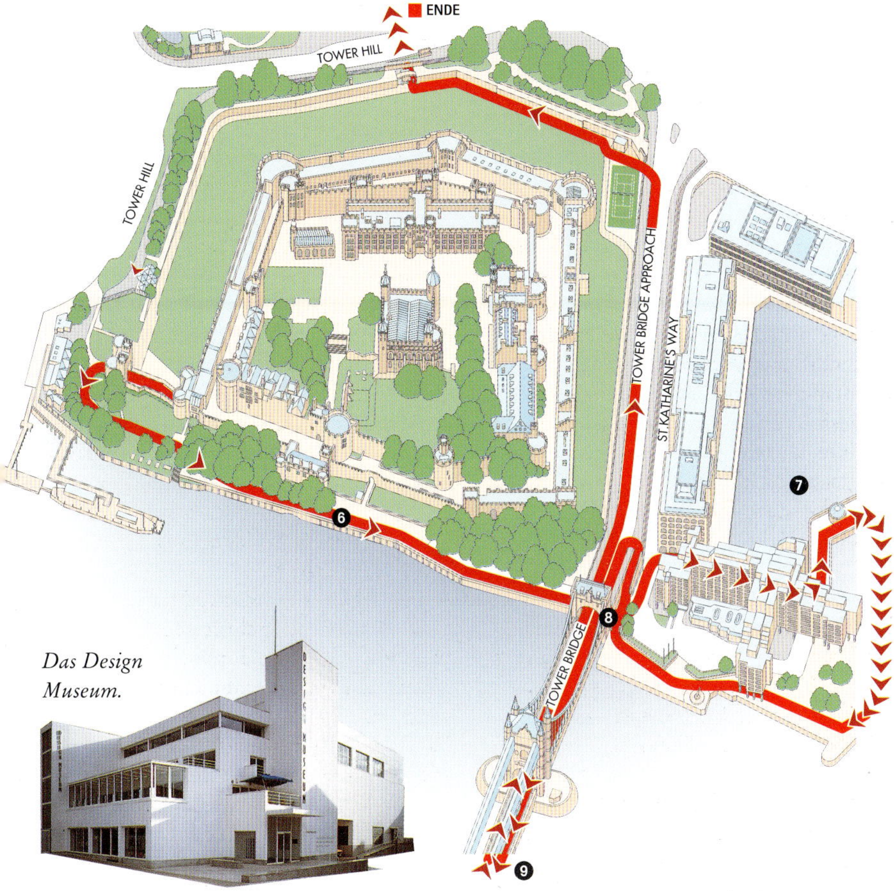

Das Design Museum.

❾ Die enge Straße, die vom Fundament der Tower Bridge wegführt, heißt **Shad Thames** (knapp außerhalb des Kartenausschnitts). Ihre kreuz und quer stehenden Kräne hoch über der Straße stammen aus den Tagen, als in Butler's Wharf Tee und Gewürze ausgeladen und in die Lagerhallen dahinter geschleppt wurden. Wandern Sie weiter bis zum Ende der Shad Thames, und Sie befinden sich vor dem **Design Museum,** einem Schaukasten für das Design des 20. Jahrhunderts; gleich daneben lockt das viel gerühmte **Blueprint Café.** Für ein sehr gutes Mittag- oder Abendessen drängen sich drei der Restaurants von Terence Conran auf, die am Thames Path zwischen dem Museum und der Tower Bridge liegen: das **Pont de la Tour** (hier traf vor wenigen Jahren Premierminister Blair den damaligen amerikanischen Präsidenten Clinton zu einem »Staatsdinner«), die günstigere **Cantina** oder das **Butler's Wharf Chop House.** Um zum Tower Hill zurückzukehren, gehen Sie auf dem Thames Path zur Tower Bridge zurück und überqueren darauf den Fluss. Einige Stufen führen hinunter in den großen Park am Burggraben des Tower of London, durch den Sie wieder zum U-Bahnhof Tower Hill gelangen.

Greenwich

BEGINN
Cutty Sark Gardens. Nächste Station der Docklands Light Railway (DLR): Cutty Sark. Nächster Bahnhof: Greenwich (für Züge von Charing Cross, Waterloo East und London Bridge). Wenn Sie mit dem Schiff auf der Themse oder mit der Docklands Light Railway anreisen, landen Sie direkt bei der Cutty Sark und können dort Ihren Rundweg beginnen. Alternativ können Sie von Island Gardens, einer weiteren Station der DLR, durch den Greenwich Foot Tunnel unter der Themse hindurchlaufen. Wenn Sie den Zug wählen, verlassen Sie den Bahnhof nach links und folgen den Hinweisschildern zur Cutty Sark entlang der Greenwich High Street.

ENDE
Cutty Sark Gardens. Nächstes Verkehrsmittel: wie oben.

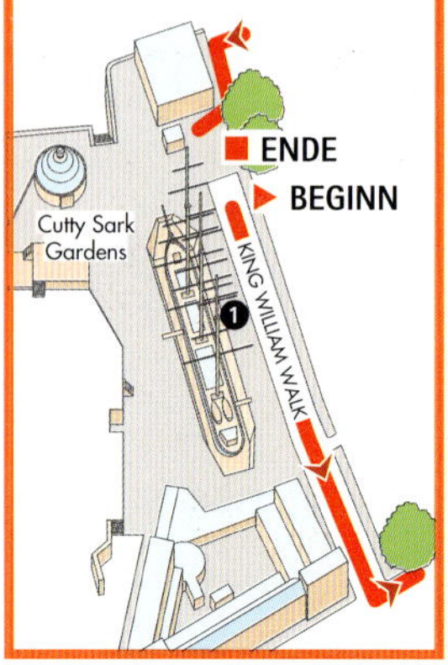

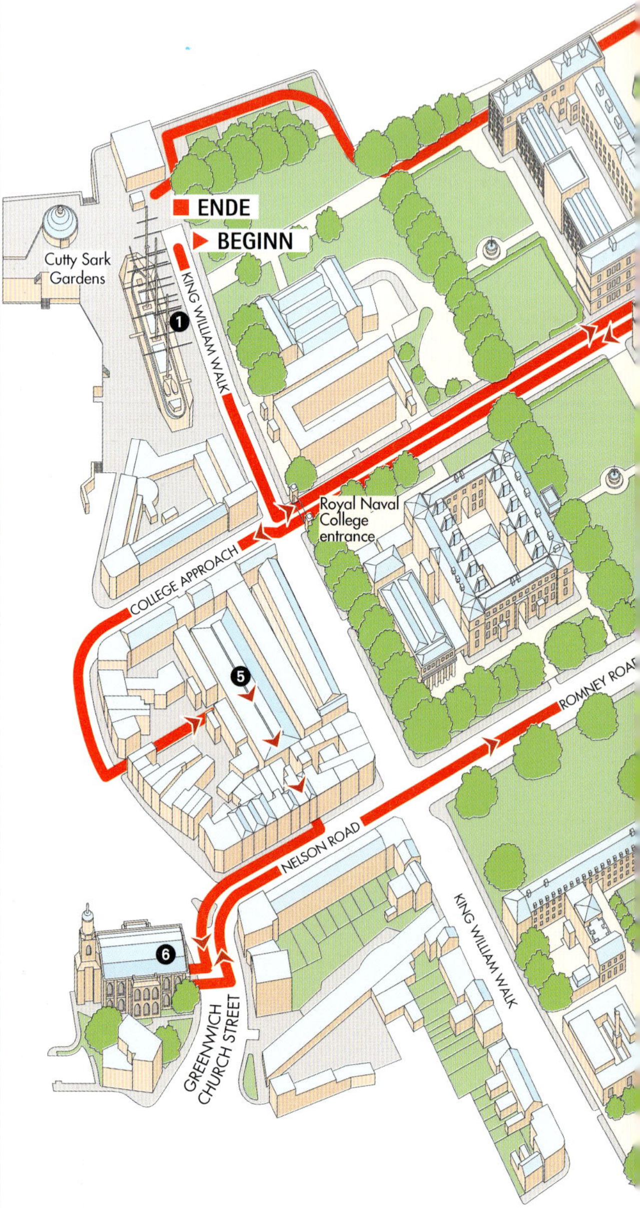

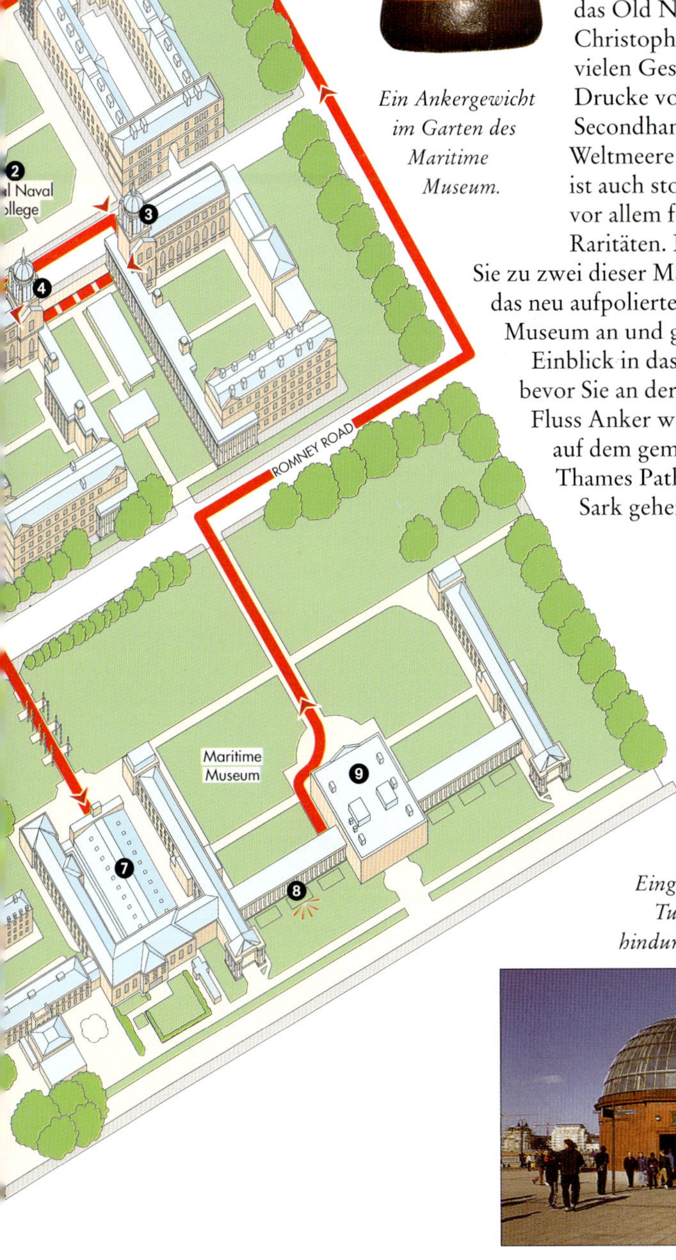

Ein Ankergewicht im Garten des Maritime Museum.

Großbritanniens Vergangenheit als Herr der Meere wird in Greenwich wieder lebendig. Dafür sorgen sowohl das Old Naval College von Christopher Wren als auch die vielen Geschäfte, die Seekarten, Drucke von Segelschiffen oder Secondhand-Bücher über die Weltmeere verkaufen. Das Viertel ist auch stolz auf seine Märkte, vor allem für Antiquitäten und Raritäten. Der Rundweg bringt Sie zu zwei dieser Märkte, steuert dann das neu aufpolierte National Maritime Museum an und gibt Ihnen einen Einblick in das Royal Observatory, bevor Sie an der Trafalgar Tavern am Fluss Anker werfen und schließlich auf dem gemütlichen Fußweg des Thames Path zurück zur Cutty Sark gehen.

Eingang zum Greenwich Foot Tunnel, der unter dem Fluss hindurch zur Isle of Dogs führt.

Die Cutty Sark.

❶ Der 1869 gebaute schnelle Klipper **Cutty Sark** wurde 1870–1877 im Teehandel mit China und 1883–1895 zum Transport von Wolle aus Australien eingesetzt. Das Schiff wurde von einer Crew von 28 Seeleuten gesegelt; sein schöner Deckaufbau und die Laderäume aus dunklem Holz erinnern an die Blütezeit der Segelschiffe. (Öffnungszeiten: täglich 10–17 Uhr.) Die **Gipsy Moth** gleich daneben wurde für den Sportsegler Francis Chichester gebaut, der herausfinden wollte, ob ein nach heutigem Standard gebautes Boot genauso schnell segeln könne wie die legendären Klipper. Er schaffte mit ihr 1966–1967 ganz allein die Umrundung der Erde und stellte einige neue Rekorde auf, darunter die Strecke von 1400 Meilen in acht Tagen. Dennoch blieb die *Cutty Sark* das schnellere Schiff, ihr Rekord steht bei 363 Meilen an einem einzigen Tag.

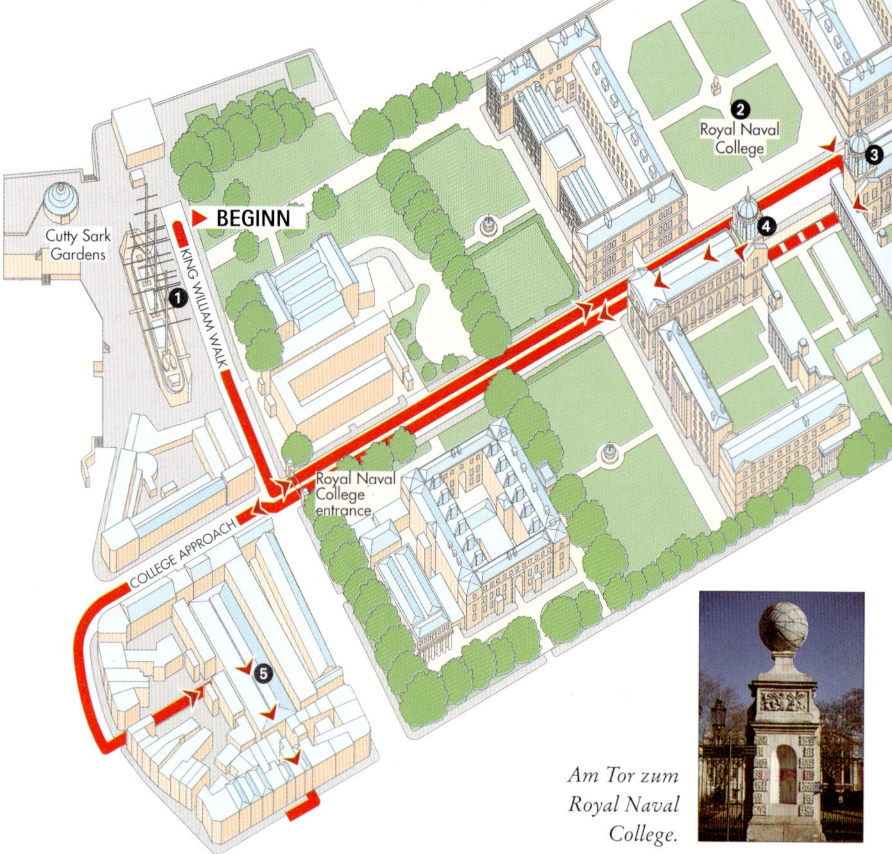

Am Tor zum Royal Naval College.

❷ Nur wenige Schritte vom Fluss entfernt findet man den Seiteneingang zum **Old Royal Naval Hospital** (der Haupteingang wird nur für besondere Anlässe genutzt). Hier stand ursprünglich der Greenwich Palace der Tudors, den Heinrich VIII. und seine Töchter Maria und Elisabeth häufig aufsuchten. Später ließen Wilhelm von Oranien und Maria II. auf dem Grundstück ein Heim für arbeitsunfähige Seeleute bauen. Die Planung des Komplexes unterlag Christopher Wren, und zu den Architekten, die ihn in der ersten Hälfte des 18. Jahrhunderts fertigstellten, gehörten Hawksmoor und Vanbrugh.

❸ Aus dem Komplex des Hospitals erwuchs von 1873 bis 1998 das **Royal Naval College** (Öffnungszeiten: 10–17 Uhr). Der Weg durch das Eingangstor bringt Sie zur entferntesten Kuppel des College, unter der sich die **Georgian Chapel** von 1789 verbirgt. Ihr Inneres wirkt wie eine der Keramiken von Wedgwood: Jedes Detail ist liebevoll ausgestaltet, von der Wendeltreppe bis zum Marmorboden, der mit einem Anker, Kompass und einem Seil als Bordüre verziert ist.

❹ Eine spiralförmige Steintreppe und ein unterirdischer Gang, der als Chalk Walk bekannt ist, führen zu der zweiten Kuppel des College und der **Painted Hall** von 1727. Ihre Wände und Decken sind von einer Fülle von Personen belebt, die Englands protestantische Monarchie bejubeln; der Raum wird noch heute für Bankette genutzt.

Das Royal Naval College.

❺ Verlassen Sie das Naval College auf dem Weg, auf dem Sie gekommen sind, und überqueren Sie die Straße zum College Approach. In Haus Nr. 9 finden Sie **Decomania,** das sich auf Möbel und Objets d'art des Art déco spezialisiert hat. Die Märkte **Bosun's Yard** und **Crafts Market** erreichen Sie von der Greenwich Church Street aus; dort finden Sie ein Sammelsurium von Dingen, unter anderem auch Raritäten aus den 1950er Jahren.

Sammelstücke aus den 1930er Jahren im Decomania.

St Alfege's.

❻ Weiter oben an der Greenwich Church Street steht die Kirche von **St Alfege's,** deren schmutziges Äußeres nichts von ihrer Vergangenheit preisgibt. Hier wurden im Jahr 1012 Alfege, der Erzbischof von Canterbury, von Wikingern ermordet und 1491 König Heinrich VIII. getauft. Das jetzige Kirchengebäude wurde von Hawksmoor entworfen und 1718 eingeweiht; es litt schwer unter den Bombenangriffen im Zweiten Weltkrieg. Überqueren Sie hier die Greenwich Church Street und gehen Sie die **Nelson Street** entlang, in der sich Geschäfte für Schiffsmodelle mit TexMex-Imbissbuden und Secondhand-Buchläden abwechseln.

Der richtige Ort für eine kleine Pause.

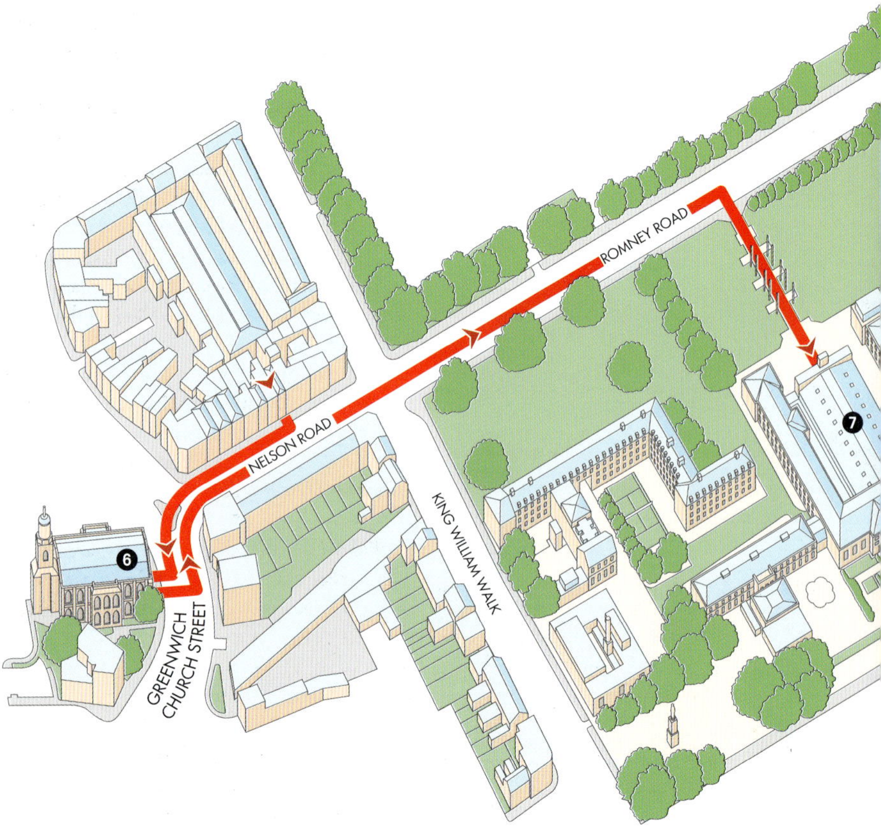

❼ Der Eingang zum **National Maritime Museum,** das 1999 umgestaltet wurde, liegt in der Romney Road. Zu den Ausstellungsstücken gehört die Dampfmaschine, die den Schaufelraddampfer *Reliant* antrieb, oder der Schlafsack aus Rentierfell, den Captain Scott auf seinen Antarktisexpeditionen mitführte. Man lernt auch, wie das Leben an Bord eines Militär-U-Boots oder eines Passagierdampfers der 1930er Jahre aussah.

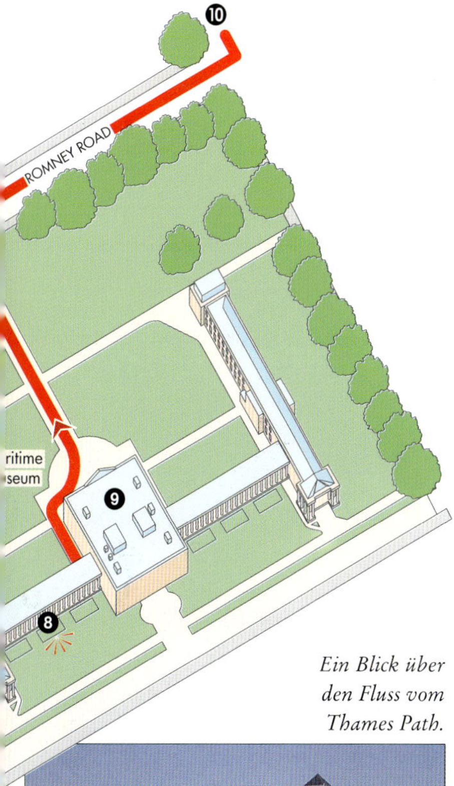

Ein Blick über den Fluss vom Thames Path.

❽ **Greenwich Park** und das **Royal Observatory.** Von der Loggia zwischen dem Maritime Museum und dem Queen's House hat man einen herrlichen Blick auf den Greenwich Park und das Royal Observatory. Der Park wurde unter Karl II. von André Le Nôtre angelegt und gehörte damals noch zum Greenwich Palace. Das Royal Observatory stammt aus der gleichen Epoche und markiert den Punkt, durch den der Nullmeridian verläuft, der die westliche von der östlichen Hemisphäre trennt.

Das Denkmal von Weltumsegler Capitain Cook im Greenwich Park.

❾ Das **Queen's House** war die erste Villa im palladianischen Stil in England. Sie wurde von Inigo Jones entworfen und 1638 für Henrietta Maria, die Schwiegertochter von Jakob I,. fertiggestellt. (Öffnungszeiten für das Maritime Museum, zu dem auch das Royal Observatory und Queen's House gehören: 10–17 Uhr.)

❿ Ein ruhiger Abschnitt des **Thames Path** führt an der vornehmen Fassade des Royal Naval College vorbei und beendet diesen Rundweg. Nach dem Verlassen von Queen's House gehen Sie nach rechts in die Romney Road und dann nach links am Naval College (wo jetzt die Universität von Greenwich logiert) entlang. Sie steuern jetzt geradezu auf die **Trafalgar Tavern** zu, wo sich Dickens, Wilkie Collins und Thackeray gerne auf einen Drink trafen. Genießen Sie von hier den schönen Blick über den Fluss auf den **Millennium Dome,** bevor Sie zum Greenwich Pier zurückkehren – immer auf der Hut vor gelegentlichen Spritzern durch das Kielwasser eines vorbeifahrenden Schiffes.